4개의 인생게임

— LIFO®

스튜어트 앳킨스 지음 | 김일기 감수 | 이수봉 옮김

문학세계사

The Name of Your Game

by

Dr. Stuart Atkins

THE Name OF YOUR Game

by DR. STUART ATKINS

『4개의 인생게임』 한국어판 서문

LIFO®(라이포) 이론을 개발한 지 35년이 지났습니다. 개발의 목적은, 개인이나 집단이 자신들의 가치관과 목표, 그리고 강점에 대해 깊이 통찰할 수 있게 하기 위한, 체계적 프로그램을 제공하는 것이었습니다. 또한 지식과 정보뿐만 아니라, 생산성이나 만족도를 높일 수 있는 접근방법, 도구, 기술을 제공할 수 있기를 바랐습니다.

LIFO® 이론은, 세계적으로 2만 개 이상의 조직과 9백만 명 이상의 사람들에게 도움이 되어 왔으며, 나의 저서 『The Name of Your Game』(한국어판 『4개의 인생게임』)은 제15쇄, 제2판에 이르기까지, 주로 미국 내의 포춘(Fortune)지 선정 상위 500개 사를 비롯하여 정부 조직, 중소기업, 학교 법인, 병원, 종교 단체, 그리고 대학 관계자 등에게 활용되어 왔습니다.

여러 분야의 조직이 LIFO® 이론이나 본서를 활용하는 것으로 볼 때, 대부분의 조직이 보편적인 문제를 안고 있다고 할 수 있습니다. 예를 들면 중요한 일을 말로 설명하거나, 자신이 달성하고 싶은 것을 상대에게 이해시키는 것이 힘든 경우는 자주 발생하는 일입니다. 우리는 자신이나 주위의 사람들이 하는 행동의 근거를 충분히 이해하지 못하고 있을지 모릅니다. 일을 처리하는 방식이나 의사소통 방식이 자신과 다른 경우, 자신과 상대가 다르다는 것을 인정하지 못하여 그것이 가진 유용한 가치를 간과하는 경우가 있습니다. 동료나 상사, 부하, 혹은 고객의 의도를 효과적으로 살려내는 방법을 모르는 경우도 많이 있습니다.

이러한 '인간에 관련되는 문제' 뿐만 아니라 일의 경우에 있어서도 결과나 세세한 주문에 대한 오해로 조직 생활에는 많은 문제가 발생하기도 합니다. 직장에서와 마찬가지로 가정에서도 같은 문제가 오해를 낳기 시작합니다.

게다가 다른 언어를 사용하는 문화의 다양성이 덧붙여집니다. 나는 최근 2년간, LIFO® 이론이 실로 보편적인 것으로, 문화나 언어의 차이도 극복하여 대인 커뮤니케이션을 도와 준다는 것을 알게 되었습니다. 이것은, 비콘 그룹의 사이토 쇼고 회장과 함께 일하면서 내가 개인적으로 알게 된 것입니다. 처음에는 새로운 인간관계가 불안정하게 느껴졌습니다만, 곧 그들의 가치관이나 목표를 이해함으로써 일을 처리하는 그들의 방식에서 그들의 강점을 발견할 수 있었습니다. LIFO® 이론이 가지는 공통 언어의 보편성 덕분에, 그들을 이해하고 감사할 수가 있었습니다.

우리가 어디에 살고 있는가 라는 문제와는 상관없이 우리 모두는 네 개의 보편적인 가치관과 목표, 그리고 강점을 가지고 있습니다. 그리고 각각의 조합에 들어맞는 네 개의 행동 양식이 있습니다. 우리들은 세상을 보는 방법이 다르고, 타인과의 커뮤니케이션 방법이 다르고, 사물을 대할 때의 방식에 차이가 있습니다. 이 4개의 스타일에는 각각의 가치

4개의 인생게임

관, 목표, 강점을 반영한 명칭이 붙여져 있습니다. 그것은 다음의 4가지로 분류되어 있습니다. 즉 지지 · 포기(Supporting/Giving)(우수성에 가치를 둔다), 통제 · 쟁탈(Controlling/Taking)(행동에 가치를 둔다), 신중 · 고집(Conserving/Holding)(이성에 가치를 둔다), 적응 · 동조(Adapting/Dealing)(조화에 가치를 둔다)입니다. 관찰할 수 있는 인간의 행동은 이 4개의 스타일로 모두 설명될 수 있습니다.

그런데, 인간이란 이렇게 간단하게 설명될 수 있는 존재일까요? 대답은 Yes이기도 하고, No이기도 합니다. 네 가지 스타일의 가치관과 목표와 강점은 어디에서라도, 또 누구에게서라도 찾아낼 수 있다고 하는 의미에서는, Yes겠지요. 그러나 때론 하나 혹은 여러 개의 스타일을 빈번하게 사용함으로써 자신의 독자성을 나타내고 있다는 의미에서 보면, 대답은 No가 됩니다. 더구나 우리는 두 가지 조건하에서 각각 다른 스타일을 이용하기도 합니다. 일이 잘 되어가는 경우와 스트레스나 갈등을 느끼고 있는 경우가 그것입니다. 각각의 조건에 의해, 완전히 다른 선택을 하는 경우가 있습니다. 그러므로 우리의 복잡성의 비밀은, 단지 4개의 스타일이라고 하는 단순성에 숨겨져 있습니다.

서로에게 있어 중요한 것, 즉 서로의 가치관과 목표와 강점을 알게 되면, 커뮤니케이션도 보다 효과적으로 할 수 있습니다. 주의 깊게 상대의 이야기를 들으며, 또한 상대를 인정하며 배려하다 보면, 서로의 다른 점을 극복하고 서로의 공통점을 찾고, 서로에게 있어 무엇이 중요한 것인지를 분명히 하는 데 있어 LIFO® 라고 하는 공통 언어가 도움이 된다는 것을 알게 됩니다.

본서의 한국어판이 한국분들에게 도움이 되어, 가정이나 직장에서

『4개의 인생게임』 한국어판 서문

상호 이해를 도와 보다 효과적인 커뮤니케이션에 도움이 되기를 바라며, 한국어판 출간에 있어 비콘 그룹의 사이토 쇼고 회장, 비콘 코리아의 김일기 상무이사에게 감사를 드립니다.

Dr. Stuart Atkins

* 2001년 6월, 도쿄에 본사를 둔 글로벌 컨설팅 기관인 Business Consultants, Inc.(비콘)는 LIFO® 이론과 오랜 세월에 걸쳐 개발되어 온 LIFO® 자료 전반의 권리를 구입하였습니다. 그 중에는 나의 저서 『The Name of Your Game』도 포함되어 있습니다.

비콘 그룹 산하의 비콘 코리아는 비콘 라이포 인터내셔널과 형제 회사이며, 라이포의 한국 총대리점입니다.

4개의 인생게임

THE
Name
OF YOUR
Game

|차례|

4개의 인생게임

　지금까지 우리들은 주위로부터 자신의 약점이나 결점만을 지적받아 왔습니다. 이 부정적인 접근방법의 해독제로서, 이 책은 우리들의 강점 즉 자기 자신에게 있어 올바른 것이 무엇인지에 초점을 맞추고 있습니다. 그것은 긍정적이며 실현 가능한 범위내에 존재하므로 자기 자신을 변화시킬 필요는 없습니다.

　이 책은 우선, 인생을 마주하는 방법을 소개합니다. 그것은 인생이 추구하는 방향이며 게임플랜(Game-Plan, 지향성)입니다. 이 게임플랜에 의해 만들어진 강점을 관리하고 약점을 극복하는 방법을 명확히 하여, 자신은 물론 자신의 인생에서 중요한 역할을 맡고 있는 사람들의 강점을 최대한 이끌어 낼 수 있는 접근방법을 소개합니다.

　게임플랜에는 네 종류가 있습니다. 나는 그것을 다음과 같이 정의했습니다.

지지/포기(Supporting-Giving=S/G)

통제/쟁탈(Controlling-Taking=C/T)
신중/고집(Conserving-Holding=C/H)
적응/동조(Adapting-Dealing=A/D)

이 네 가지의 지향성(인생을 마주하는 방법)이 바로, 우리들의 선택이나 행동의 기본이 되는 것입니다. 자신의 게임플랜을 알고, 자신에게 있어 중요한 인물들의 게임플랜을 이해함으로써, 자신의 강점뿐만이 아닌 상대방의 강점도 똑같이 신장시킬 수 있습니다. 게임플랜에 대한 이해는 주위 사람들에게 영향을 미치거나 교류를 갖는 데 있어, 보다 빨리, 보다 명확하게, 보다 효과적으로 행할 수 있게 도와줍니다. 또한, 가장 꺼리는 게임플랜을 알게 되면 왜 치명적인 잘못을 저지르게 되는지, 왜 중요한 기회를 놓치게 되는지에 대한 해답을 얻을 수 있습니다.

이 책에는, 인간행동에 관한 선행연구의 실적이 반영되어 있습니다. 그 중 하나로 심리학자 칼 로저스(K. Rogers)의 〈고객 중심이론〉을 들 수 있는데, 단정적이지 않은 말투나 '무조건 긍정적인 태도'로 커뮤니케이션을 이끌어 간다는 사고방식이 투영되어 있습니다. 이것은 모든 사항을 '옳고 그름', '선하고 악함'으로 판단하는 것을 피하고, 무엇이 진정으로 자신에게 도움을 줄 것인가에 대해서만을 고려해야 한다는 것입니다. 그리고, 자신에게 도움을 준다는 것은, 비판적인 분석에 휩싸이지 않고 자기수용이 이루어진 상태에서 가능하다는 걸 알 필요가 있습니다.

또한, 심리학자 아브라함 매슬로(Maslow)의 이론도 반영하고 있습니다. 그는 건전한 양식을 지닌 사람들이 더 많이 성장할 수 있도록 그들을 이끌고 도움을 주어야 한다고 주장하고 있습니다. 그는 그러한 사

4개의 인생게임

람들의 잠재력을 보다 완전하게 끌어내기 위해서는, 자기실현의 욕구를 갖도록 할 필요가 있다는 것입니다. 지향하는 이상적인 인물상이나 기준이란 건 없습니다. 개인의 내면에 있는 잠재력을 해방시키고 싶다는 바람이 있을 뿐입니다.

이 책이 기초로 하고 있는 LIFO(라이포)트레이닝(Life Orientations Training — 인생의 지향성에 관한 훈련) 개발을 위한 긴 여정은 1967년 미국에서 시작되었습니다. LIFO(라이포)트레이닝은 당초 제네랄 푸드(General Foods), US스틸(U.S.steel), 미국 암 센터(The American Cancer Society), 캘리포니아주(State of California), 글로벌마린(Global Marine, Inc.), 마텔 토이즈(Mattel) 등 다수의 조직에 적용되었습니다.

그 이후, 산업 현장, 병원, 학교, 정부기관, 교회, 대학 등에서 사람들이 더 생산적으로 일할 수 있고 만족할 수 있도록 LIFO트레이닝을 적용해 왔습니다. 교사, 학생, 관리자, 심리학자, 의사, 간호사, 경찰관, 소방관, 회사의 중역, 부모, 자녀, 남편과 아내가 LIFO트레이닝을 받았습니다. 그리고 그들이 이 이론을 받아들이고 훈련한 결과, 가정이나 일에서 성공에 도움이 되는 새로운 접근방법들을 얻게 되었던 것입니다.

1990년, 학교 경영관리자이자 LIFO트레이너인 버지니아 딕슨 박사는, 카터 대통령센터로부터 선발되어 중국으로 건너가 48개 학교의 경영관리자들에게 3주간의 과정으로 미국교육의 방법론을 소개했습니다. 박사는 자신의 교육과정에 LIFO트레이닝의 내용을 포함시켰으며, 교재로서는, 중국어로 번역된 LIFO에 관한 자료를 사용했습니다. 그때 트레이닝을 받은 경영관리자들은 그녀에게 감사의 뜻으로 한시를 지어 보냈는데, 이는 LIFO트레이닝이 그만큼 보편성을 띠고 있음을 나타내고 있는 것입니다.

그 시는 제 마음을 표현해 주는 것이기도 합니다.

인간은 모두 다른 곳에서 살며
다른 산을 보며
다른 강을 바라본다.
하지만, 인간은 모두 같은 바람을 맞으며
같은 달을 우러러보며
같은 하늘 아래에 있다.

1991년, 캘리포니아주 비버리 힐즈에서
스튜어트 앳킨스(Stuart Atkins, Ph.D)

4개의 인생게임

1

게임플랜이란 무엇인가?
— 인간행동에의 새로운 어프로치

1967년 초의 일이다. 그 무렵 나는 세상이 자신의 생각대로 돌아가고 있다고 믿고 있었다. 나의 게임플랜은, 세상을 더욱 살기 쉽고, 일하기 쉽고, 인간미 넘치는 곳으로 만드는 것이었다.

나는 오랫동안 수도 워싱턴의 교외에 있는 NTL(National Training Laboratories 전미(全美)훈련협회)에 깊이 관여하며, 3년에 걸쳐 인간관계에 관한 트레이닝 분야의 그룹리더를 맡고 있었다. 동시에 개인적으로는, 미국 전역에 걸쳐 조직에 대한 컨설팅 활동과 더불어, 기업, 행정기관, 병원, 대학이나 학교에 있어서의 인간에 관한 문제 해결에 몰두하고 있었다.

뉴욕에서 하루, 보스턴에서 3일간의 세미나를 열고, 텍사스에서는 5일간의 프로그램을 개최하고, 이어서 북캘리포니아에서도 이틀간에 걸쳐 회의를 진행했다. 참가자는 엔지니어, 성직자, 영업직, 교사, 심리학자, 관리자 등 여러 조직과 다양한 직업을 가진 사람들이었다.

그러던 어느 날 나는 피곤에 지쳐 동료에게 말했다. "이젠 이렇게 정신 없이 뛰어다니는 건 그만두어야겠어. 다른 곳들의 일을 정리하고,

본거지인 이곳 남캘리포니아에서 일에 몰두할 거야!"

그는 믿을 수 없다는 표정으로 고개를 흔들며, 내 기분은 아랑곳도 않고 이렇게 말했다.

"앳킨스! 하지만 문제는 자네가 먹이를 찾고 있는 줄무늬다람쥐라는 데 있지."

줄곧 도회지에서 자란 나는 "그게 무슨 뜻이야? 줄무늬다람쥐가 뭘 하는데?"라고 물었다.

그러자, 그는 빈정대듯 웃었다. "겨우살이 준비를 하고 있는 줄무늬다람쥐는, 호두를 발견하면 가까이 가서 그걸 주워서는 집 속에 감추려고 뛰어가지. 그런데 도중에 다른 호두를 발견하면, 처음에 주웠던 호두를 내던지고 새 호두를 주워서 집으로 돌아가려고 하거든. 자신이 갖고 있는 호두를 버리고 허겁지겁 다른 호두를 가지려고 달려가고, 또 그걸 손에서 놓고 새것을 집으려 하고…… 그렇게 반복하다가 결국 겨우 호두 하나를 갖고 집에 도착했을 때는 녹초가 되어 버리는 거야. 좀 더 체계적으로 움직이면서 한 번에 한 개의 호두를 날랐다면, 더 편하게 겨우살이 준비를 했을 텐데 말이야. 자네는 줄무늬다람쥐 같아. 찾아낸 호두를 전부 쫓아가도 손에 들어오는 건 얼마 없잖아. 자네 말대로 일을 정리할 필요가 있네. 자신이 갖고 있는 걸 토대로 해서 쌓아 가는 게 필요하니까."

그의 말은 정곡을 찌르고 있었지만, 그래도 난 어찌해야 할지 몰랐다. 왜냐하면 그건, 내 행동방식이 아니었다. 난, 기회란 한 번밖에 오지 않으며, 자신이 직접 그 기회를 잡으러 가지 않으면 안 된다고 생각하고 있었다. 민첩하게 행동하는 편이 좋고, 언제까지나 같은 장소에 머물러 있지 않는 편이 좋다. 새로운 일, 드문 일, 도전적인 일로 옮겨 가야만 하는 것이다.

4개의 인생게임

당시, 집단훈련을 이끄는 일은 내게 도전적인 일이었고 사명감마저 들게 했다. 나는 사람들에게, 자신의 인생에 대해 어떻게 느끼고 있는지, 즉 자신의 인생을 어떻게 펼쳐 나갈지에 대해 가르치고 있었다.

'자아실현'은 당시의 우리들에게도 매우 중요한 사항이었다. 반드시 해야 할 일이 무엇인지를 알고, 느낀 점을 있는 그대로 표현하고, 그러면서 점차 개방적이 되고 정직해지고 대담해졌다.

신비로운 과정을 거쳐 점차 분위기는 밝아지고 인간관계는 개선되었다. 자기개발과 피드백은 우리들에게 있어서도 중요한 주제였다. 느낀 대로 말하고 본 대로 전함으로써, 보다 나은 인생을 만들 수 있다. 이런 훈련의 목적은 사람과 조직의 병에 대한 치료이기도 했으므로, 헛되이 보낼 시간 같은 건 내게 없었다.

줄무늬다람쥐 같다는 친구의 경고에도 불구하고, 그게 내 운명이라고 받아들였다. 자신에 대해 단계를 밟아가며 생각하는 방법을 그 당시의 나는 알지 못했다. 다시 말하면, 순서를 만들고 정리할 줄을 몰랐던 거다. 그런 건 행동을 지연시킬 뿐이라는 생각에 견디기 힘들었고 자신의 가치관만을 믿고 싶었다. 해야 할 일; 가야 할 곳, 도와야 할 대상은 산더미 같았다. 나는 새로운 트레이닝 그룹에서 일할 기대감으로 가슴이 벅차 있었다.

그 다음주, 나는 의사들을 상대로 일을 하기로 되어 있었다. 의사는 처음이었다. 어떤 일이 일어날까? 교사나 대학교수, 엔지니어와 같을까? 다를까? 그들이 그룹역학에 반응을 보일까? 그들의 인생에 영향을 끼칠 수 있을까? 그들 자신에 대해, 대인관계에 대해 뭔가 가르칠 수 있을까?

그 일은 도전적이고도 나를 만족시키기에 충분했다.

일의 속도를 좀 늦춰야 할까? 활동을 자제해야 할까? 더 생각해서 일을 정리하라고? 그런 것들이 가치가 있는 일이란 생각은 들지 않았다. 내가 근사하다고 생각하는 삶의 방식은, 뭔가 새로운 일, 흔치 않은 일, 도전적인 일을 해 나가는 것이다. 그때마다 느끼는 어지러울 정도의 아찔함이 좋았다. (이 무렵에는, 내 자신이 인생에 대한 두 종류의 지향성, 즉 두 개의 게임플랜 ― 통제/쟁탈(C/T)과 신중/고집(C/H) ― 사이에 끼여 발버둥치고 있다는 걸 알아채지 못했다.)

결코 순조롭게 해결되지 않을 문제를 안겨준다 해도, 이를테면 다음 주 트레이닝 참가자들이 훈련에 저항감을 가질지도 모른다는 문제가 닥쳐온다 해도 그런 것들에 도전하며 자신의 우수성을 증명함으로써 짜릿한 기분이 들겠지. 그게 바로 내 게임이었다.

1960년대 전반은 멋진 시대였지만, 책임이 중대하고 심신이 피로한 시기이기도 했다. 감정표현도 허용되지 않았다. 사교적인 의례절차가 사람끼리의 만남과 교제에도 규범을 만드는 그런 시대였으며, 남성은 애정과 자상함을 표현하기 힘들었다. 좀처럼 본심을 드러내지 못하며, 설령 표현했다 하더라도 그건, 오랫동안 억제되었기 때문에 일어나는, 격한 노여움이나 흥분, 또는 적의를 느끼게 하는 표현이 되고 말았다.

그러므로, 우리들과 같은 응용 행동 과학자나 우리 그룹의 이론을 사용한 NTL의 트레이너들은, 감수성 훈련(Sensitivity Training), 자기주장 훈련(Assertiveness Training), 부부 관계개선(Marriage Encounter), 규칙에 근거한 논의훈련(Fighting Fair), 상호이해훈련 (Intimacy Training) 등의 선구자였다. 우린 규범에 맞서는 전사이며, 사회의 기준을 바꾸려고 노력하며, 인간으로서 성숙해지고 원만한 인간관계를 유지하기 위해 도움이 될만한 모든 것에 대해 자유롭게 느끼거나 표현하는 것을 바람직한 것으로 인식시키고자 했다.

또한, 생각이나 감정을 닫고 있는 사람의 입을 열기 위해, 서로 멋대

4개의 인생게임

로 억측을 일삼는 행위를 없애고자 했다. 우리 멤버들은 몇 년이나 함께 지내며 일하고 있음에도 불구하고, 서로를 이해하지 못하는 상대방 혹은 우리 자신을 위해 매일 격투를 벌이고 있었다. 우리가 서로를 이해하지 못하는 가장 큰 이유는, 서로 자신의 내면에 있는 생각이나 솔직한 기분을 말하는 것을 두려워하기 때문이다.

동료들과 나는, 조직은 가정과도 같은 곳이라고 가르칠 수 있다고 생각했다. 직장이란 다리를 쭉 펴고 편히 쉴 수 있는 공간이 될 수도 있고, 역할과 업무는 있지만 인간답게 있을 수 있는 장소도 되는 것이다.

감정을 표현하고 마음에 담아 두었던 정보를 공개함으로써, 각각의 역할 사이에 교량을 만들고, 일을 하면서도 그 다리를 자유롭게 넘나들며 인간으로서의 연대감을 느낄 수 있을 거라고 생각했다. 역할과 인물이 일체가 되길 원하며 거기에 알맞은 말과 개념을 만들었다. 그건 바로, '일체감을 갖는 것', '있는 그대로의 모습으로 있는 것' 이다. 칼 로저스에게는, 그들의 발상과 지식이 우리들에게 개념을 확립하게 해준 데 대해 감사하고 있다.

그러나 결국 조직의 구성원들은 이렇게 말하기 시작했다. "이건 불가능한 일이야. 직장은 가정이 될 수 없어. 여긴 일을 하는 곳이라구. 상사는 우리들에 대해 권력을 갖고 있어. 해고를 당할 수도 있고 승진이 안 될 수도 있어. 직장 안에서 진실로 가까워지고 개방적이 된다는 건 오히려 위험해. 상대에게도 생각하고 느낀 점을 그대로 표현해 달라고 할 수는 없잖아."

"원만한 인간관계를 만들어 가는 방법을 가르치고 싶다면, 위험부담이 없는 방법을 생각해야 돼. 상대의 감정을 상하게 할지도 모를 거라고 겁먹지 않아도 되고, 업무 자체를 위태롭게 하지 않아도 되는, 딱부러지는 좋은 방법을 가르쳐 달라구!"

제1장 게임플랜이란 무엇인가?

LIFO트레이닝이 탄생하게 된 건 이런 배경에서였다.

1967년 2월부터 12월까지의 기간에 LIFO진단을 토대로, LIFO이론의 기초가 만들어졌다. 그 진단은 사람들이 자신의 삶의 지향성, 그들의 기본적인 게임플랜(행동철학), 그들의 강점을 분류하는 데 도움을 주었다.

1968년 초까지, 파트너인 앨런 캐쳐 박사와 함께, 다음의 조직들에서 LIFO진단을 사용한 프레젠테이션을 했다. 미국 암 센터, 글로벌 마린 (Global Marine), 매틀 토이즈(Mattel Toys), 제네랄 푸드(General Foods), US스틸(U.S. Steel), 캘리포니아 주(State of California), 고용센타, 그리고 UCLA에서의 「매니지먼트에 있어서의 인적요소」라는 내 수업에서였다.

사람들은, 분석 결과에 매료되었다. 자신에게 어떤 진단 결과가 썩어 있는지 흥미로워했다. 게임플랜, 즉, 지지/포기(S/G), 통제/쟁탈(C/T), 신중/고집(C/H), 적응/조화(A/D) 중에서 자신이 어떤 스타일을 좋아하고 있는지 명확해졌기 때문이다.

이 네 가지의 게임플랜이란, 성공으로 이끄는 이미 검증된 길에다 간단히 이름을 붙인 것에 지나지 않는다. 간단히 정의해 보자.

지지/포기(S/G) — 열심히 일하고 우수성을 추구하는 것을 최상으로 한다. 사려 깊고 신뢰할 수 있고 이상적이며 충성심이 있다. 자신에게도 타인에게도 높은 기준을 정하여 최상의 활동을 하려고 한다.

통제/쟁탈(C/T) — 기회를 놓치지 않고 경쟁하는 것을 최상으로 한다. 결과지향적이며 자주적이다. 민첩하게 행동하며 상황을 변화시킨다. 자신감이 있고 설득력이 있으며 경쟁적이다.

신중/고집(C/H) — 자신이 갖고 있는 것을 최대한 활용하여 두뇌를 쓰는 것을 최상으로 한다. 실천적이고 논리적이며 정확하고 끈기가 있다. 행동으로 옮기기 전에 모든 각도에서 상황을 분석하려고 하는 경향이 있다. 일을 할 때는 항상 안전한 길을 모색한다. 실천적이지만 소극적인 면도 있다.

적응/동조(A/D) — 타인을 배려하고 상대가 원하는 것을 만족시켜주는 것을 최상으로 한다. 사교적이고 유연하며 정열적이어서 쉽게 감격하며, 매력적인 인물인 경우가 많다. 원만한 관계를 유지하기 위한 감정이입이 가능하다.

사람들은 이러한 공통의 용어를 사용하여, 자신을 표현할 새로운 방법을 순식간에 손에 넣을 수 있었다. 자신과 닮은 점이나 다른 점에 대해 비교할 수 있게 된 것이다. 난 사람들이 끊임없이 비교하며 다른 사람에 필적할 수 있는 방법을 찾고 있다는 데 놀랐다. 그들은 가장 바람직한 인생 지향성과 그 행동철학을 추구하고 있었다. 자기 자신이 어떻게 되어야 하며 무엇을 해야만 하는지 등에 관해, 기존의 규범을 토대로 자신을 표준적인 타입과 비교하고 있었다.

사람들에게 있어 어려웠던 점은, LIFO모델에는 최상의 방법도 규범도 없다는 사실을 받아들이는 것이었다. 실제로 규범이란, 스스로가 만들어 내는 것이다. 우리들은 사람들을 비교할 때, 그 자신, 그가 바라는 것, 그가 선택하고자 하는 것, 그의 강한 점 등을 놓고 판단했다. 그들의 특성, 즉 어떤 것이 그들의 최고 상태이며, 무엇이 그들에게 있어 최고인가를 분류하고자 한 것이다.

처음의 호기심이 충족되면 또 다른 의문점들이 고개를 들기 시작한

제1장 게임플랜이란 무엇인가?

다. '그래서 어떻다는 거야?' '이 정보로 뭘 할 수 있다는 거지?' '타인과의 관계에 어떤 영향이 있는 걸까?' '자신의 게임플랜이 통제/쟁탈(C/T)이고 상사는 신중/고집(C/H)이라고 해서, 거기에 어떤 의미가 있는 거지?' '어째서 최상의 지향성의 존재하지 않는 걸까?' '왜 최상의 게임플랜이 없는 걸까?' '내가 지지/방임(S/G)을 좋아하는 것과 통제/쟁탈(C/T)을 쓰고 싶어하지 않는 것과는 어떤 차이가 있는 걸까?' '왜 더 많은 사람들에게 나와 같은 사고방식을 갖게 할 순 없을까? 내 게임플랜을 모방하게 할 순 없는 걸까?'

이런 질문들에 대답하는 동안, 나는 게임플랜을 최대한 활용하기 위한 성공적인 접근방법을 이용하여, LIFO트레이닝을 완성하기 시작했다. 그것은, 확인, 활용, 완화, 보완, 확장, 그리고 응용의 과정이다.

정확하게 이해하고 있지는 않았지만, 나름대로 정리하는 작업을 통해 더욱 체계적이고 이론적이 되고자 했다. 난 이미 비체계적으로 겨우 살이 준비를 하는 줄무늬다람쥐가 아니었다. 더 많이, 신중/고집(C/H)의 게임플랜과 확장에의 어프로치를 사용하고 있었던 것이다.

자신의 게임플랜을 넓혀 새로운 기회를 접하며 지금까지의 문제를 해결한다. 즉 자신의 게임플랜과, 자신의 인생에 있어 중요한 역할을 담당하는 인물들 ― 가족, 직장상사, 부모, 자녀, 선생님, 동료 등 ― 의 게임플랜과의 사이에 장벽이 생겼을 때, 어떻게 하면 좋을까를 배우는 것, 그것이 이 책에 씌어 있는 전부인 것이다.

성공과 실패는, 게임플랜을 썼느냐 안 썼느냐의 근소한 차이로 결정된다. 자신의 게임플랜을 보다 정확히 이해함과 동시에, 상대의 게임플랜도 잘 파악하여 도움을 줌으로써, 자신에게 유리한 방향으로 일을 진행시킬 수 있는 것이다.

4개의 인생게임

  자신의 게임플랜을 최고로 사용하기 위한 성공 어프로치란 다음과
같다.

  1. 확인 : 자신의 게임플랜, 강점, 특징을 안다.
  2. 활용 : 자신의 강점을 최대한으로 발휘할 수 있는 상황, 자신의 게
           임플랜이 적용될 수 있는 상황을 찾아낸다.
  3. 완화 : 가장 좋아하는 게임플랜이나 강점의 지나친 사용은 피한다.
  4. 보완 : 다른 게임플랜이나 강점을 가진 사람에게 도움을 받는다.
  5. 확장 : 자신과는 다른 게임플랜의 좋은 점을 쓰도록 한다.
  6. 응용 : 다른 게임플랜이나 강점을 가진 사람과의 관계를 시작한다.

제1장 게임플랜이란 무엇인가?

2
새로운 게임을 시작해 보자
──취약점을 강점으로!

　나는 줄곧 자신의 강점과 약점의 '과잉사용'을 깨닫고 있는 사람이 의외로 적다는 사실에 놀라고 있었다. "지나친 것은 오히려 모자란 것만 못하다." 이런 생각이 기원전 5세기부터 계속되고 있음에도 불구하고, 강점의 과잉사용(지나침)은, 가정이나 직장에서 늘 화제가 되고 있는 불평, 불만인 것이다.

　공장장, 기업의 사장, 장관, 영업사원, 심리학자, 엔지니어, 교수, 의사, 변호사 등등…… 누구와 일을 해봐도, 자신의 강점을 지나치게 남용한다는 걸 알 수 있다.

　가정이나 직장 또는 자기 자신 혹은 주위 사람들에 대한 불평 불만은, 일반적으로 네 가지의 과잉사용으로 정리, 분류할 수 있다.

지나치게 열심이어서 과다하게 떠맡아버린다. ― 지지/포기(S/G)
행동이 너무 빨라 강제성을 띠게 된다. ― 통제/쟁탈(C/T)
행동이 너무 느려 지나치게 신중해진다. ― 신중/고집(C/H)
지나치게 낙천적이어서 너무 쉽게 동조한다. ― 적응/조화(A/D)

4개의 인생게임

이러한 과잉사용은, 자신의 게임플랜이 갖는 강점을 남용했기 때문에 과장되기도 하고, 잘 하려는 생각에 도를 넘었기 때문에 초래되는 것이기도 하다. 과잉사용과 강점은 같은 근원지에서 발생하므로 하나로 연결되어 있다고 할 수 있다.

첫번째의 과잉사용 사례인 '지나치게 열심이어서 능력 이상으로 떠맡게 된다'를 살펴보자. 이것은, 최선을 다하고 타인에 대해 올바르고 공평하고자 하는 지지/포기(S/G)의 게임플랜의 강점에서 비롯된다.

그러나 이 강점을 너무 쓰다 보면, 완벽을 기하게 되고, 달성할 수 없는 무리한 목표를 설정하게 되어 급기야 불가능한 일까지도 해내려고 하기 때문에, 잘 되어가고 있는 부분까지 묻혀 버리게 된다.

예를 들어 보자. 프랭크의 상사가 그에 대해 이렇게 말하고 있다. "프랭크는 부하를 성장시키는 탁월한 능력을 가진 것 같아. 그들로 하여금 자신감을 갖게 하고 믿어 주는 거야. 최선을 다해 주길 기대하고 실제로 그렇게 하지. 주위 사람들까지도 호흡을 맞추다 보면 예상했던 것 이상의 노력을 하게 되고 자연스럽게 책임감을 갖게 되거든. 그룹의 멤버들은 그를 칭송하고 존경하고 있어."

"반대로, 상사나 부하에 대해 매우 비판적이 되기도 하지. 너무 지나치게 기대를 하니까 말이야. 달이라도 쏘아서 떨어뜨리라고 한다지 뭐야. 말도 안 돼!! 그래도 끊임없이, 모두에게 바르고 공평하게 대응하고 있는지 신경 쓰다 보니까 오히려 주위 사람들에게 이용당할 때도 있는 거라구. 누구에게나 필요 이상으로 열심히 대하니까, 가끔 자신의 처리 능력 이상의 일을 떠맡게 되어서 약속을 못 지키고 마는 거지."

두번째의 과잉사용 사례는 '행동이 너무 빨라서 강제성을 띠게 되

제2장 새로운 게임을 시작해 보자

는' 경우이다. 이것은 통제/쟁탈(C/T)라고 부르고 있는 게임플랜의 강점, 즉 솔선해서 어떤 역할을 맡으려는 것에서 비롯된다. 행동성과 지배성과도 관련이 있다.

고교 3학년인 존은 어머니에 대해 이렇게 말하고 있다.

"우리 엄마는 늘 활기차고 호기심도 많아. 경험한 적이 없는 일에도 주저 없이 도전하거든. 일부러 엄마가 해결하지 못할 것 같은 일을 벌여도, 엄마는 어떻게든 방법을 찾아낼걸. 또, 가족회의에서 결정을 못 내리고 있을 땐, 나서서 결론을 내리곤 하시지. 그리고, 갖고 싶은 건 절대 놓치는 법이 없어. 꼭 손에 넣고야 말거든. 엄마는 정말 우리 가족의 원동력이야!"

"그렇지만 가끔은, 조금 더 생각하고 나서 말했으면 할 때가 있어. 새 집을 사기도 전에 살던 집을 팔아버렸을 때도 그랬어. 얘기를 나눌 때도, 생각이나 의견을 말하는 건 항상 엄마 쪽이 먼저야. 엄마는 상대방이 자신의 의견을 포기하고 불만을 말하지 않을 때까지 토론을 계속하려고 할 걸. 아무래도 엄만 날 신뢰하지 않는 것 같아."

세번째의 과잉사용, '행동이 너무 느려서 지나치게 신중해진다' 는, 신중/고집(C/H)의 게임플랜에서 온 것이다. 이것은 모든 것을 이론적으로 해결하려고 하는 성향, 즉 단계를 밟아가며 더 좋은 해결책이 나올 때까지 느긋하게 기다릴 수 있다는 강점과도 연결된다. 그러나, 상황을 정확하게 파악하기는 하나, 그릇된 방법이 제공될 때까지 계속 귀를 기울이므로 잘못된 방법에 관한 분석마비 상태와 기능 정지상태에 빠질 우려가 있다.

하리스 부인은 남편 조에 대해 이렇게 말한다. "어려운 문제를 안고 있을 때, 모든 각도에서 이해할 필요가 있다면 난 조에게 달려갈 거예

4개의 인생게임

요. 그는 열심히 흥미를 갖고 문제를 풀어 나가는데, 무슨 일이 일어나고 있는지 제 자신이 전혀 생각지도 못했던 것을 지적해 주거든요. 행동에 옮겨야 할 때는 그 이유를 가르쳐 주지요. 그이의 성격은 온화하고 이성적이고 침착해서, 난 늘 평온한 대지에 서 있는 것 같은 기분이 들어요. 어려운 살림 속에서도 어떻게 하면 지금 갖고 있는 것만으로도 좋은 생활을 영위할 수 있는지 난 잘 알고 있어요."

"그래도 가끔, 과정 자체를 즐길 줄도 알고, 결론을 한 개만 내도 충분할 텐데 라고 생각하곤 해요. 조는 결단을 내리지 않고 기다리고 있다가 좋은 기회를 놓치거나 흥미를 잃기도 하니까요. 여행계획 같은 걸 세울 때도 그이는 너무 깊이 분석해서, 모든 가능성이나 하고자 하는 의도가 복잡하게 꼬이니까 혼란스러워져요. 자신의 의견을 관철시키고 싶다고 생각할 때는, 관철될 조짐이 보일 때까지 물러서지 않아요. 한 번이라도 좋으니까, 딱딱하게 굳어진 기분을 풀고 좀 더 자유롭고 여유 있는 모습을 보고 싶어요."

네번째 과잉사용, '지나치게 낙천적이어서 쉽게 동조한다' 는, 적응/동조(A/D)의 강점인데, 모든 사고방식에 대해 개방적이고, 타인의 방식을 시험해보려고 하며, 의견의 다른 점을 유연하고 경쾌하게 진행시키려는 것에서 비롯된다.

그러나, 긍정적으로 유연해지고 타인과 원만히 지내려고 하는 점은, 자신의 목표에서 눈을 돌리게 되고 집중력이 떨어져 산만해지므로, 모순된 행동을 일으킬 가능성이 있다.

필은 애인에 대해 이렇게 말한다. "셀리는 인기가 많아요. 모두 그녀를 좋아하지요. 저희 가족이나 친구들하고도 잘 지내고 있어요. 내가 부모님과 말다툼을 할 때도 그녀가 나서서 화해를 시켜줘요. 내가 어떤

제2장 새로운 게임을 시작해 보자

일을 심각하게 받아들이고 있으면, 그녀는 경쾌하게 해결책을 제시해 주지요. 또한 그녀는 내가 어떤 기분인지를 정확하게 파악하고, 내가 무슨 말을 하고자 하는지 금방 알아채요. 날 많이 이해해주고 있다는 느낌이에요."

"하지만, 아무래도 이해가 안 될 때가 있어요. 그녀가 항상 'Yes!' 라고 대답한다는 건 아니지만, 자신의 의견을 말하고 입장표명을 확실하게 해주었으면 좋겠어요. 그리고, 그녀는 빨리 구제해주려는 마음에 너무 기민하게 반응을 하다 보면, 오히려 정면으로 부딪혀 속 시원히 해결하지 못하는 경우가 있어요. 우리 둘의 대화도 그래요. 농담으로 흘릴 때가 많으니까 진지한 대화가 안돼요."

초조하며 번거롭게 생각하고, 심지어는 격한 노여움까지 일게 만드는 약점의 정체는 바로, 우리들 자신이 선호하는 것, 훌륭하다고 생각하는 강점을 과장시키고 지나치게 남용하는 것일 뿐이다. 이것이 최초의 발견이었다.

우리는 과잉사용을 컨트롤하기 위해서 우선 그것이 강점에 기반을 두고 있다는 것을 깨달아야 한다. 자신의 강점을 버릴 필요는 없고, 단지 과잉사용을 자제하기만 하면 된다. 만약 그게 가능하다면 시간도 수고도 아낄 수 있다. 그릇된 방법으로 타인을 대함으로 인해, 강점이 오히려 목적달성의 방해가 될 수도 있다.

25년간 컨설팅업계에 종사하면서 나는 성공과 만족에 걸림돌이 되는 제2의 방해요소를 발견했다. 그건 '자신이 모르는 것을 알 방법 같은 건 없다' 라는 생각이다.

결코 말장난을 하려는 게 아니다. 내가 말하고자 하는 것은, 누구에게나 사각(死角)이 있기 때문에, 주위에 있는 확실하고 명백한 사실을

4개의 인생게임

미처 보지 못하거나 자신의 강점을 이용하지 못하는 경우가 있다는 것이다. 자신의 인생에 관한 계획이나 문제해결, 또는 중요한 의사결정을 할 때, 유효하고 중요한 정보를 감지하지 못하는 것이다.

실패했을 때, 문제가 생겼을 때, 혹은 목표를 달성하지 못했을 때, 이렇게 말하곤 한다.

"이유를 모르겠어. 어디서 어긋난 거지? 뭐가 잘못된 거지?"

그러면 누군가가 이렇게 말한다. "이런 점에 대해 생각해 봤어?"

대개는 그 '이런 점'이 곧 해결책이다. 제3자는 전혀 다른 관점에서 보고 있기 때문에 알 수 있는 것이다.

그 말을 듣고는 "왜 난 그걸 간과했을까? 왜 그 생각을 해보지 못했을까?"라고 생각한다.

좀처럼 생각해 본 적이 없는 것이야말로 의문에 대한 '정답'인 것이다. 자신은 거의 그 방법으로 사물을 보지 않는다. 그건 일상적인 강점이나 방식이 아니기 때문이다. 자신의 게임플랜에는 포함되어 있지 않다. 그것이 사각(死角)이며, 자신에겐 빠져 있는 관점이다.

큰 실패를 피하고 새로운 기회를 발견하기 위해서는, 인생에 대한 네 개의 지향성, 즉 네 가지의 게임플랜을 통해 세상을 볼 필요가 있다.

95%의 사람들이, 네 가지의 게임플랜 중, 적어도 한 가지는 결여되어 있다. 그 방식으로 사고하는 경우는 거의 없으며 그 게임플랜의 강점은 거의 쓰지 않는다. 그걸 경시하고 있는 것은 단지 중요하다고 생각하지 않거나, 그 스타일을 경험한 적이 없거나, 아니면 그 스타일에 대해 불안하거나 탐탁치 않게 느끼기 때문이다.

그러나, 넷 중 어느 게임플랜이든 각각의 강점 모두는 '여러 문제나 사람과의 관계 속에서 인생 전체를 조망하거나 컨트롤을 유지하기 위해서' 꼭 필요한 것이다. 이 전체적인 시야가 얻어내는 정보와 각각의

제2장 새로운 게임을 시작해 보자

강점은, 업무나 목표를 실행에 옮길 때의 올바른 판단을 유도한다.

제3의 발견은, 예로부터 전해오는 "남이 나에게 해주길 바라는 것을 남에게 해주어라"라는 말은, 대인관계에 있어서의 '중요한 규범'에 대한 잘못된 인식이라는 것이다. 사람과 의사소통을 할 때는 이 규칙은 도움이 되질 않는다. 자신에게 해주길 바라는 일을 남에게 해줄 수는 없다. 실제로 사람들이 해주었으면 하고 바라는 것은 기본적으로 네 가지이다.

사람들은 모두 상대방도 자신과 같은 관점으로 봐주길 바라고 있다. 지지/포기(S/G), 통제/쟁탈(C/T), 신중/고집(C/H), 적응/동조(A/D) 중에서 자신의 게임플랜에 맞춰 대해주길 바라는 것이다. 자신은 지지/포기(S/G)가 좋을지 모르지만, 상대는 적응/동조(A/D)가 좋다고 할지도 모른다.

우리들은 어느 쪽인가의 게임플랜을 강조함으로써, 자신의 방식이 일반적이며, 틀림없이 가장 좋은 방법을 취하고 있다고 확신하므로, 상대방도 자신이 원하는 방식대로 해주길 기대하는 것이다. 하지만 상대방 또한 같은 생각을 하고 있다. 어쩌면 그것은 이쪽이 가장 꺼려하는 게임플랜일지도 모른다. 그래서 문제가 발생하는 것이다. 자신의 방식과 상대방의 방식, 자신의 강점과 상대방의 강점이 서로 맞서는 구조가 성립되는 것이다.

서로에게 이런 식으로 말하기도 한다. "그 방식도 이해할 수 있어. 하지만 내 방식대로 해!"라고. 예를 들어, 상대방이 "기회를 붙잡길 원한다면 서둘러야 해."라고 하면, 나는 "성공적으로 해내려면, 좀 더 깊이 생각하는 게 좋아. 그러지 않으면 언젠가는 기회가 날아가 버린다구."라고 대답할지 모른다.

4개의 인생게임

내가 "그들도 이 방법을 좋아하게 할 필요가 있어."라고 하면, 당신은 "그들에게 있어 뭐가 제일 좋은 방식인지, 그들이 뭘 좋아하고 뭘 싫어하는지 잘 알고 있잖아."라고 얘기할 것이다.

"사실이 그걸 입증하고 있어."라고 당신은 말하지만, 난 변명하듯 "우리가 그 사실을 받아들이도록 뭔가 하지 않으면 그들은 거부하고 말 거야."라고 말할지도 모른다.

지지/포기(S/G), 통제/쟁탈(C/T), 신중/고집(C/H), 적응/동조(A/D)는 함께 일하고 함께 생활하는 과정에서 늘 자리 다툼을 하고 있다. 어느 것이 먼저 앞에 나설까? 어느 게임플랜이 순조로울까? 서로의 다른 점에 대해 토론하게 되면, 어느 쪽이 도중에 기세가 꺾일까?

"내 방식을 취할까? 네 방식을 취할까?"는, 더욱 긴장감을 갖게 하고, 어느 쪽도 만족감을 얻지 못하며, 시간과 수고가 많이 들고, 인간관계를 해치게 된다는 것은 남녀노소 누구나 이미 알고 있는 사실이다.

틀림없이 우리는 서로의 강점이 필요하고, 서로의 다른 점도 중요하다. 그렇다고 해서 독자성을 잃을 필요도, 자신의 게임플랜을 그만둘 필요도 없다. LIFO모델에서는 자신을 변화시키지 않고, 자기 자신을 부정하거나 신념을 부정하거나 하지 않고, 서로의 다른 점을 이용하는 것이 가능하다.

LIFO모델은 자신과 기호가 다른 사람들과 생활하며 서로를 이해하는 데 도움을 준다. 오해나 장벽을 줄이고, 흥분이나 지나침을 만족감이나 생산성으로 변환시킬 수 있다.

그러나 LIFO의 사고방식에 따라 나아가기 이전에, 다음에 열거하는 질문에 대해 생각해 보길 바란다.

당신이 이 책을 통해 얻고자 하는 것의 최우선 순위가 명확해지며, 범위를 좁히는 데에도 도움이 될 것이다.

인생의 우선 사항에 대한 질문 14

우선도가 높다고 생각하는 것 4개를 체크하세요.

□ 1. 자신의 강점과 독자성이란 무엇인가?

□ 2. 자신의 의욕을 높일 최선의 방법은 무엇일까?

□ 3. 자신은 어떤 점을 간과하고 있는가?

□ 4. 어떤 업무환경이 의욕을 불러일으키는가?

□ 5. 어떠한 부담감이나 상황이 스트레스를 쌓이게 하는가?

□ 6. 어떻게 업무를 편성하면 자신의 강점을 발휘할 수 있는가?

□ 7. 어떤 사람이 자신의 관점이나 방식을 보완해 줄 수 있는가?

□ 8. 사람과 접하거나 문제를 해결할 때 어떤 새로운 방법을 시도해
　　야 하는가?

□ 9. 어떤 경우에, 자신의 강점을 과용해서 오히려 역효과를 낳게 되
　　는가?

□ 10. 자신을 감독하고 관리하는 최선의 방법은 무엇인가?

□ 11. 자신의 강점을 과용한다는 걸 인식하고, 보다 생산적이 될 수
　　　있도록, 타인의 입장에서 날 도와줄 수 있는 방법은 무엇일까?

□ 12. 자신에게 중요한 사람들에게 영향을 미치기 위해서는, 인간관
　　　계의 접근방법 가운데 어떤 방법이 좋을까?

□ 13. 함께 일하면 잘 해낼 것 같은 사람을 어떻게 판별할 수 있을까?

□ 14. 함께 일하기 어렵다고 느끼는 사람은 어떤 유형인가?

선택한 사항에 관해, 친한 동료와 얘기해보고 싶어질지도 모른다.
그들에게도 우선도가 높은 사항을 체크해 보라고 해도 좋을 것이다.

4개의 인생게임

선택한 항목을 서로 비교할 수도 있고, 왜 그걸 골랐는지 의견을 나눌 수도 있다. 자기 자신과 상대방에 관한 유효한 정보를 발견할 수도 있을 것이다.

제2장 새로운 게임을 시작해 보자

3
인생게임의 네 가지 스타일

인생이란, 원래 모든 사항에 대해 중립적이다. 비유하자면, 사면으로 둘러싸인 방 한가운데 있는 것과 같은 것이다. 각각의 벽에는 세계를 조망하기 위한 창이 나 있다.

지금까지의 인생경험과 주위에서 일어난 일들을 바탕으로, 우리들은 한 개 혹은 두 개의 창을 골라 세상을 바라보고 있다. 나 자신은 바로 눈앞의 창과 오른쪽에 있는 창을 통해, 바깥 세상을 관망하는 법을 배웠을지도 모르고, 어떤 사람은 뒤쪽이나 왼쪽 창을 통해 세상을 보고 있을지도 모른다.

세상사에 대해 얘길 나눌 때도, 마치 전혀 다른 두 개의 세계에 대해 말하고 있는듯이 여겨지기도 한다. 창밖에 있는 세상은 하나이지만, 각각 자신에게 친밀하고 선호하는 관점으로, 시행착오 속에서 성공과 실패를 거듭하며 구축한, 자신의 게임플랜으로 세상을 표현하는 것이다.

인간관계의 어려움이란 세상을 정반대의 창을 통해 보고 있는 사람과 함께 일을 하거나 생활할 때 느끼게 된다. 즉 큰 문제가 생기는 것은, 자신은 눈앞의 창으로 세상을 보고 있는데, 상대방은 뒤쪽 창으로

4개의 인생게임

세상을 보는 경우이다. 자신도 가끔은 그 창으로 엿볼 때가 있지만 그건 극히 드물며, 어떻게 하면 사물이 그렇게 보이는지 알지 못한다. 자신이 편안하게 느끼는 시점, 자신에게 있어 저항감이 없이 익숙한 관점을 택하고 있는 것이다.

하지만 그것만으로는 충분하지 않다. 우리가 필요로 하는 건, 전체적인 것을 볼 줄 아는 관점이다. 어느 누구의 판단도, 정보를 완전히 올바르게 파악하고 있다고 할 수는 없다. 만약 한 개 또는 두 개의 창으로부터만 정보를 얻는다면 중요한 정보를 놓쳐버리게 되고, 그렇게 되면 문제해결이나 서로의 생활에 영향을 미치는 의사결정을 할 때 유효한 정보를 모두 손에 넣기가 어렵게 된다.

자신과 다른 견해를 가진 사람도 필요하다. 왜냐하면, 그는 다른 관점, 다른 강점을 갖고 있기 때문이다. 우리에게는 그들의 존재가 필요하며, 함께 하다 보면 그들 특유의 질문, 즉 그들 인생에 대한 지향성에서 비롯되는 의문점들을 배울 필요가 있는 것이다.

이 책은 서로 다른 게임플랜을 통해 얻을 수 있는, 세상을 전체적인 시각으로 볼 수 있는 관점과 힘을 인식하게 한다. 자신의 세계관에 제한을 받지 않고 보다 폭넓은 관점에서 비롯되는 일과 인생을 경험하게 된다.

1566년, 이탈리아의 건축가인 안드레아 파라디오(Andrea Palladio)는 이탈리아의 한 도시 비센체(Vicenza)의 부근에다가 '라 로톤다(La Rotonda)' 라고 불리는 건물을 지었다. 360°의 시야를 내려다볼 수 있도록 설계하여, 전면 조망을 가로막는 제약들을 없앴다.

'라 로톤다' 는 골짜기가 건너다보이는 언덕 위에 지어졌다. 네 개의 전통적인 그리이스 신전을 하나의 돔으로 연결함으로써 전면(全面) 조망을 완성시켰다.

제3장 인생게임의 네 가지 스타일

[사진] 라 로톤다 전경

　건물 내부는 넓고, 천정이 높고, 둥근 공간이 있는 원형의 건물로 되어 있다. 외관은 네 개의 현관이, 네 방향으로 면해 있는 기둥과 계단과 같은 위치에 자리잡고 있다. 네 군데의 현관에서는 골짜기의 전경을 내려다볼 수 있다. '라 로톤다' 는 동서남북을 전부 향하고 있는 셈이다.

　그러나 인간의 경우 우리들의 지향성이란 모든 방향을 향하고 있을 수는 없다. 우리의 지향성이란 삶의 방식에 따라 '라 로톤다' 의 한쪽 방향에서 골짜기를 내려다보고 있는 것이다. 우리들은 우선 자신이 택한 지향성의 강점과 독자성을 살려야 한다. 그리고 자신과 반대편 골짜기에 이어지는 길을 택한 사람들의 것도 잘 이해해야 한다.

　다시 말하면, 네 가지 게임플랜을 전부 이해하면, 세상을 살아가면서 익숙치 않거나 탐탁치 않은 방식에 직면했을 때도, 지금보다는 더 잘 대처할 수 있다.

4개의 인생게임

삶의 방식은 유전자와 우연성에 의해 좌우되지만, 무엇을 하고 어디에 갈 것인지에 대한 자신의 선택과 결정 또한 그 사람의 운명을 만들어 간다. 또한 그 선택과 행동의 근저에는 인생에 대한 네 개의 지향성, 즉 지지/포기(S/G), 통제/쟁탈(C/T), 신중/고집(C/H), 적응/동조(A/D)라는 네 가지 게임 플랜이 존재한다.

이 네 가지의 게임플랜은 우리들의 행동 전체에 관여하고 있다. 밖으로 표출되지 않았을 뿐 지금까지 줄곧 존재하고 있는 것이다. 그건 바로 우리들 자신이니까.

중요한 건 자신이 선호하는 지향성이 있다고 하더라도 그외의 모든 지향성을 이해하는 것이다. 이것은 자신의 인생에 있어 중요한 역할을 맡고 있는 사람이 자신과 다른 지향성을 갖고 있을 경우, 그와의 교류를 효과적으로 할 수 있게 도와준다. 그의 지향성과 강점에 관한 지식이 있으면, 무엇이 그에게 의욕을 갖게 할지, 무엇이 그에게 스트레스를 안겨줄지 정확히 이해하게 되고, 자신의 강점 또한 강도 높게 활용할 수 있다.

인생에 대한 지향성은, 그 사람의 중심에 존재한다. 그것이 자신 안에서, 또 자신과 타인과의 관계 속에서 어떠한 상호작용을 일으키는지 알고 싶다면, 그것을 주의 깊게 관찰하고, 어떤 식으로 강점이나 과잉 사용으로 모습을 바꿀 수 있을지 이해할 필요가 있다.

다음 페이지의 그림 3-1은 LIFO의 시점에서 본 상황에 대한 지향성, 가치관/철학, 목표, 강점을 나타낸 것이다.

제3장 인생게임의 네 가지 스타일

LIFO의 관점에서 본 일련의 인간활동

지향성은 게임플랜을 도출하고, 개개인의 목표와 연결되어 강점이 된다.

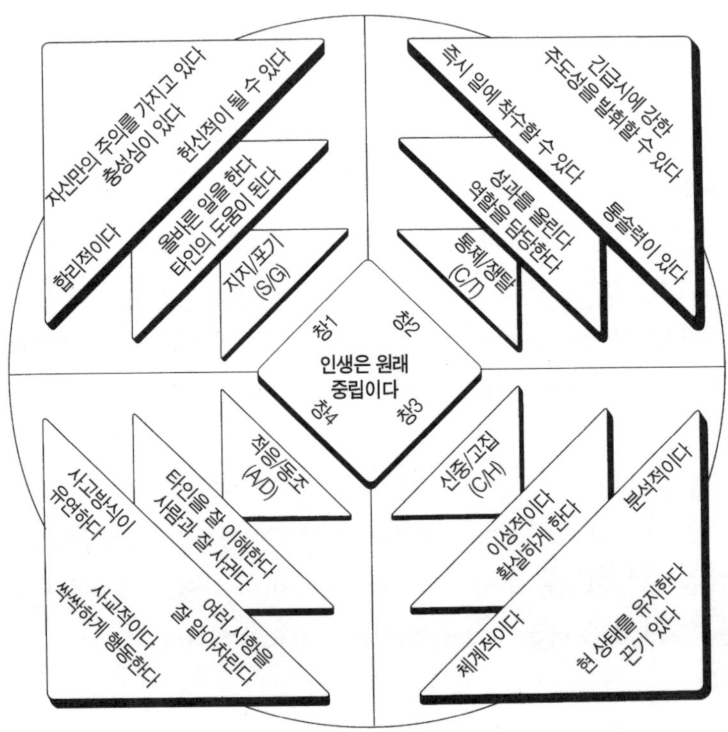

[그림 3-1] LIFO의 관점에서 본 일련의 인간활동

4

각 게임플랜의 강점

　제3장에서는 각각의 지향성, 게임플랜, 목표와 강점에 초점을 맞추고 전체상을 소개했다. 여기에서는 네 개의 지향성인 지지/포기(S/G), 통제/쟁탈(C/T), 신중/고집(C/H), 적응/동조(A/D)에 대해 보다 깊게 고찰하기로 하자.

　설명 중에는 각각 '옳다'고 받아들이는 사항에 대해 기술되어 있다. 이는 결코 단정적인 것은 아니지만, 읽고 난 후 자신이 좋아하는 것에는 어떤 특징이 있는지, 또한 그것을 어떻게 도입하고 있는지에 대해 아는 것이 중요하다.

지지/포기(S/G) 지향과 그 강점

　우선 S/G에 대해서 보기로 하자. S/G의 기본적인 게임플랜에서는, '자신의 가치를 높인다'라는 테마가 핵심이 된다. S/G의 지향성을 갖고 살아가는 사람은 자신의 철학을 다음과 같이 정리한다. "잠자코 있어서는 누구도 인정해 주지 않으므로, 스스로 자신의 가치를 증명하지 않으면 안 된다. 명성을 얻어야만 한다.”

“자신의 가치를 증명하려면, 자신만의 주의(主義)를 지닌 인간이 될 필요가 있다. 우수성을 추구하고, 옳은 일을 행하고, 할 수 있는 범위 내의 일을 한다. 주위 사람에 대해서도, 책임감을 갖고 협력적인 인간이 됨으로써, 자신의 가치를 증명해 보인다. 언제 어디서나 꼭 필요한 사람이 된다.”

“그리고 자신에게 있어서도, 주위 사람들에게 있어서도, 자신의 신념에 따라 옳고 적절한 태도를 취한다면, 내 가치관은 인정받을 수 있을 것이다. 내 능력은 평가될 것이고, 일은 순조롭게 진행되어 마음의 충족을 느낄 것임에 틀림없다.”

S/G의 지향성을 지닌 사람은 몇 가지의 중대한 신념을 갖고 있다. 무엇보다도 우선 자신의 가치를 증명하지 않으면 안 되는 것이다. 내 자신은 항상 미완성이며 충분하지 않은 존재다. 따라서 자신의 가치를 계속적으로 증명해 나가야만 한다. 단, 조용히 조심스럽게 실행하며, 될 수 있는 한 좋은 일일수록 드러내지 않고 행한다. “덕이란 그 자체가 보수이다”라는 말이 있듯이.

“그렇다면, 이것은 프로테스탄트의 윤리활동인가요?”라는 질문을 자주 받는다. 물론 대답은 “바로 그것!”이다. 그러나 좀 더 기본에 충실해져, 정신분석 의사는 이렇게 말할지도 모른다. “윤리적 행동은 인간의 지향성에서 생겨나는 것이다. 어쩌면, 그 이상일지도 모르며, 프로테스탄트의 윤리적 활동이란 인생의 첫걸음 단계인 어린 시절에 제대로 된 교육을 받은 사람들의 자연스런 행위인 것이다.” 하지만 우리들은 그 근원에 초점을 두고 있지는 않다. 지금 여기서 활동하고 있는 우

4개의 인생게임

리들 자신을 보고 있는 것이다.

　가까운 친구가 S/G적인 말을 하고 있었다. "인생에서 성공하고 싶으면, 자신의 쇠도끼를 연못에 던져 보는 거야. 그러면 금도끼가 되어 되돌아오거든."

　에이비스 렌터카는 광고에서 이렇게 주장하고 있다. "우린 2등입니다. 열심히 분발하고 있습니다." 이는 틀림없이 S/G의 표현이며, 이러한 지향성을 지닌 사람들에게 강렬하게 호소하고 있다.

　"만약 가치 있는 행동이라면, 잘 해내는 데에 가치가 있다." 이 또한 S/G의 대사이다. 그밖에도 "제대로 하지 못할 거면, 안 하는 편이 낫다." 존 F. 케네디의 명연설의 한 대목이 떠오른다. "국가가 나를 위해 무엇을 해줄 것인지 묻기 전에, 내가 국가를 위해 할 수 있는 일이 무엇인지 생각해 보자."

　대인관계에서 상대방이 S/G타입을 '가장 꺼리는' 스타일이라고 생각되는 경우는 금방 알 수 있다. 내가 S/G 스타일에 대해 설명하면, 그들은 어리둥절하여 고개를 갸웃거리며 다음과 같은 반응을 보이기 때문이다. "어떻게 하면 그렇게 순수해질 수 있지? 왜 늘 최선을 다하지 않으면 안 된다는 등 자신에게 기대를 하는 거지? 프로젝트나 제안이 얼마만큼이나 괜찮은지 아무도 신경 써주지 않는데 말이야. 도움이 되는지, 결과를 얻을 수 있는지 그런 것이 중요한데. 어떻게 하면 그토록 인간을 신뢰할 수 있을까? 상처받고 실망할 뿐인데. 그런 건 의미 없어! 성인군자가 아닌 한, 세상이 그렇게 아름답지만은 않아."

　이처럼 S/G에 회의를 느끼는 사람은 너무 믿어서 속기 쉽고, 지나치게 우수성을 추구하여 비효율적인 완벽을 구하는, S/G의 과잉사용을

제4장 각 게임플랜의 강점

보고 있는 것이다.

그래도 S/G라는 게임플랜은 많은 사람이 사용하고 있다. 이것으로 자신이 바라는 것이 얻어지는 것이다. '자신이 원하는' 방법으로 해나갈 수가 있으며, 그들은 성취감을 맛보며 '실제로' 성공하게 된다. 인생의 어떤 입장에서도, 어떤 직업에서도, 그리고 어떤 수준의 사회에서도 가능하다.

지지/포기(S/G)의 강점을 정리해 보면 다음과 같다.
    * 양보다 질을 중요시한다.
    * 적절한 목표를 설정한다.
    * 주위 사람들의 협력을 얻는다
    * 주위 사람들의 요구에 민감하다.
    * 바르고 공평하게 공정한 일을 한다.
    * 보다 나은 장래를 상상하고 있다.

이 게임의 가치관은 '우수성(Excellence)'이다. 우수성은 모범적인 인생을 보내고 자신의 원칙을 가지며, 원조적이고 열심히 좋은 일을 행함으로써 나타난다. LIFO에서는 이 지향성을 상징적인 의미로 '산(山)'에 비유하고 있다.

통제/쟁탈(C/T) 지향과 그 강점

C/T는 대조적이다. 이 게임플랜을 선택한 사람은 주로 '활동'에 중

4개의 인생게임

점을 둔다. 그들은 이와 같이 말한다. "내가 흥미를 갖는 건 당신이 뭘 믿고 있느냐가 아니라, 무슨 일을 하고 있느냐이다. 자신이 할 수 있는 일을 보여주고 싶다면 능력을 보여주고 성과를 올려라. 그렇게 하면 세상은 당신을 인정할 것이다. 그것이 최종적인 결과이니까."

그들은 당신에게 기대하는 것을 명확하게 제시한다. 어떤 입장으로, 무엇을 원하고 있는지, 잘 알 것이다. "기회는 반드시 잡아야 한다. 기회가 오는 것을 기다리고 있을 수는 없다. 손을 뻗어 잡아 당겨 자신의 것으로 만들어야만 한다. 너무 소극적으로 행동하지 말 것. 손을 뻗지 않으면 놓치고 마니까."

한편 C/T를 '가장 꺼리는' 사람들은 이런 철학을 가진 사람들을 '풍향계(風向計)' 라는 묶음 속에 가둬 두려고 한다. 어디서나, 어떤 상황에서나, 그들을 '풍향계' 라며 경계한다. 내가 얘기하고 싶은 것은 그보다도, 그들은 기회를 찾아서 행동하고 있다는 것이다. '활동' 이라는 말은 어느 때라도, 어떤 상황이라도 멈추지 않는 유동적인 행동을 의미하는 것이다.

그러나 C/T의 '과잉사용' 에 대해서도 얘기해 보자. 예를 들면 C/T의 강점의 하나인 적극적인 면이다. 적극적인 방법으로 행동을 유도할 수 있고, 기회를 발견하여 현명하게 이루어 간다. 하지만 이 강점을 지나치게 사용하면, 혹은 지나치게 강조하면 풍향계와 같은 행동이 되어, 타인을 희생시키면서까지 무슨 수를 써서라도 기회를 잡으려 한다.

C/T를 별로 좋아하지 않는 사람들은, 이처럼 말하기도 한다. "이건 비즈니스맨이나 기업가 등 직접 나서서 강하게 밀어붙이고, 여기저기, 이 안건 저 안건으로 바쁘게 나라 안을 돌아다니는 사람들을 말하는 것 같다. '기회는 한순간, 가장 맛있을 때 확실히 맛보자' 라는 맥주회사의

광고와 같다." 그러나 C/T는 비즈니스의 영역에만 국한된 것이 아니라, 비즈니스의 장에 있어 행동적으로 성공을 거머쥔 사람이 C/T의 지향성을 갖고 있지 않는 경우도 있다.

C/T를 좋아하는 사람은 다음과 같이 느끼고 있다. '기회는 한 번밖에 오지 않는다.' '신은 스스로 돕는 자를 돕는다.' 그들의 신조는 다음과 같다. '세월은 사람을 기다려 주지 않는다.' '시간은 한순간.' '행동은 말보다 강하다.' 그외에도 '모험 없이는 아무것도 얻지 못한다.' 등이 있다.

C/T를 더 이해하기 위해서, 트럼프의 한 장면을 떠올려 보자. 좋은 카드를 가진 C/T가 있다고 하자. 칩은 테이블의 한가운데에 있다. 이때 이 사람은 이렇게 생각한다. '손을 뻗어 전부 내 걸로 만들어야지. 아무도 날 이기게 해 주지는 않아. 스스로 기회를 만들지 않으면 안돼.'

이것은 S/G를 좋아하는 사람과는 전혀 다르다. 이 경우, 만약 S/G의 사람이 좋은 카드를 가졌다면, 그 인물은 우수성에 힘입어 최고의 패를 만들려고 한다. 갖고 있는 카드로 승산 있는 방법을 생각한다. 칩은 테이블 한가운데에 쌓여 있다. 자신이 알아채기 전에 누군가가 스스럼없고 친절하게, 승자인 S/G 쪽으로 칩을 밀어준다. 그러면 그는 살며시 미소지으며, 자신의 패로 최고의 게임을 한 것을 기쁘게 생각한다.

그러나 C/T는 바라던 결과를 예측하든 그렇지 않든, 가능한 한 빨리 자기 몫을 획득한다. 그것은 자기 것이며, 바로 지금, 자신을 위해 있기 때문이다.

통제/쟁탈(C/T)의 강점을 정리하면 다음과 같다.

　* 일을 시작하거나 끝내기 위한 긴박감을 갖는다.

　* 다른 사람들을 한데 모아, 불확실한 상황에서도 리더십을 발

4개의 인생게임

휘한다.
* 기회를 잡기 위해 필요한 것을 찾아낸다.
* 정당한 자기 몫을 손에 넣기 위한 투쟁이나 타협을 즐겁게 행한다.
* 어렵고 도전적인 상황을 좋아한다.

이 게임의 가치관은 '행동(Action)' 이다. 긴급의식이 있는 것이다. 틈과 기회가 있다면, 그 기회가 머물고 있는 동안에, '지금이야말로 움직일 때이고, 기회는 두 번은 오지 않는 거니까' 라고 생각한다. 이 지향성은 상징적으로 '천둥' 에 비유된다.

신중/고집(C/H) 지향과 그 강점

C/H라는 게임플랜의 중심에는 '이성(理性)' 이 있다. 성공하고 싶다면, 행동하기 전에 '생각하는' 것이다. 신은 인간에게 생각하기 위한 두뇌를 선물해 주었으므로 쓰는 게 좋다.

주위를 살펴보고 이미 그곳에 있던 것을 고찰한 뒤에 행해야 한다. 우리들은 자신이 갖고 있는 것을 최대한 활용하지 않으면 안 된다. 그렇게 하면 모든 일은 반드시 잘 되어가고, 필요한 것을 비축해 두면 원할 때 손에 넣을 수 있다.

C/H에 있어서 결과를 내는 건 중요하지만, 정확성과 안전성은 그 이상으로 중요하다. 이를 추구하는 의식에 기반을 두면, 기준에 비추어 올바른 것이 본질적인 요소가 된다. S/G의 관점에 있는 '신의에 맞는 올바름과 적절함' , '도의적으로 올바른 일을 행하는' 것과는 다르다.

그밖에 C/H가 강조하는 것은 확실성과 윤리성이다. 모든 일은 분별력 있게 정확히 할 필요가 있다. 도리에 맞을 때는 뭔가 필연성이 있는 것이다. 따라서, 어떤 일을 예측할 수 있기 때문에 안심하게 된다. 예측을 가능케 하기 위해서는 정밀하고 완벽해야 한다. 모든 사항을 깊이 검증하고, 대체안을 마련하고, 결과를 예측해야 한다.

여기에서 열쇠는, 우연히 이루어지는 것을 바라지 않는다는 것이다. 보이지 않는 측면 같은 건 원하지 않는다. C/H를 좋아하는 사람들 대부분은 불확실성을 좋아하지 않으며, 의외로 이루어지는 것에 대한 허용의 정도는 상당히 낮다. 오류는 최소한으로, 생략은 하지 않고, 놀라움은 적게.

규율의 올바름은 안정성과 예견을 가져온다. '모든 것에는 정해진 장소가 있고, 모든 것은 정해진 장소에 존재하는 것처럼.'

급하게 하는 일은 의미가 없다. '행동이 생산성을 의미하는 건 아니다' 라고 그들은 말한다. "곰곰이 생각해서 하는 행동에는 시간도 경비도 덜 든다."

성공하기 위해서는 순서에 따라 일을 진행시킬 필요가 있다. 그래야만 '엄청난 실패' 를 피할 수 있다. 천천히 확실하게 전진해야 한다. 최종적으로 C/H에서는 도달하여 뭔가를 획득할 필요는 없고 자신들의 가치를 인정받을 때까지 기다릴 필요도 없다. 또한 보다 나은 것을 추구하며 주위 사람들의 내면을 엿볼 필요도 없다. 자신의 정원을 잘 가꾸면 그만인 것이다.

볼테르의 저서에 나오는 캔디드는, 보다 나은 것을 쫓아 세계를 여행하며, 모험을 하기도 하고 불운을 겪기도 한다. 몇 년이나 C/T의 게임 플랜으로 여행하며, 새로운 것, 진귀한 것을 찾아 돌아다니다 자신의 고향으로 돌아온 후엔 게임플랜이 바뀌게 된다. '자신의 정원을 가꾸

4개의 인생게임

자' 라고 그는 말한다. 이번에는 C/H를 택한 것이다. 캔디드가 깨달은 것은 그가 필요로 하는 것은 모두 그의 곁에 있다는 것이다. 좋은 인생을 찾아 멀리까지 갈 필요는 없다는 결론에 도달한 것이다. 모든 부귀는 자신의 가까이에서 찾게 된다.

C/H에게 있어서 '변화를 위한 변화' 는 아무 의미도 없다. 변화에는 구체적인 이유가 있어야 마땅하며, 변화의 필요성을 나타내는 증거가 존재해야 한다.

어느 조직의 주요 임원들을 상대로 LIFO진단을 실시한 결과 전원이 C/H를 가장 선호한다는 걸 알 수 있었다. 그들의 회의 분위기는 믿을 수 없을 정도로 침착했다. 매우 온화하고 용의주도하며, 놀라우리만큼 합리적이었다. 상당한 이성(理性)이 작용하고 있었던 것이다.

인사(人事)에 관련된 사항들, 신제품의 디자인, 그리고 투자효과라는 미묘한 문제에 대해서조차 그들은 아마 조용하게 논의할 것이다. 사실에 근거하고, 순서에 입각한 설명과 탐구란 실로 감탄할 만하다.

그러나 이 스타일의 탁월한 점만을 보고 판단하므로 의문스런 점도 있다. '정열은 어디에 있는 걸까? 깃발 아래에 하나 되어 움직이는 멸사봉공의 정신은 어디에 있는 걸까? 그러나 모든 것이 순조롭게 단계를 밟아 진행되고 있는 것처럼 보인다. 주의 깊은 탐구와 고찰을 바탕으로 의사결정을 하고 있는 것이다.

C/H의 좌우명은 "우선 생각하라, 그리고 움직여라" 이며, 그것은 '덤벼들기 전에 오히려 사물은 잘 보이는 법' 이기 때문이다.

신중/고집(C/H)의 강점을 정리해 보면 다음과 같다.
　* 새로운 것을 시도하기 전에 현재 갖고 있는 것을 이용한다.
　* 기본을 총망라하기 위해 단계를 밟아 일을 한다.

제4장 각 게임플랜의 강점

＊ 행동하기 전에 잘 생각하고 사실을 확인한다.

＊ 찬반양론을 고려하여 신중하게 판단한다.

＊ 위기 속에서도 침착함을 잃지 않는다.

이 게임의 가치관은 '이성(Reason)'이다. 현재 갖고 있는 것을 최대한 활용하기 위해 머리를 쓰는 것이 자기자신을 전진하게 한다. 낡은 것을 새로운 것과 확실하게 연결하여 '절대적이고 확실한 진실'을 잊어서는 안 된다. 이 지향성을 상징하는 것은 '성도(星圖)'이다.

적응/동조(A/D) 지향과 그 강점

A/D의 지향성을 지닌 사람들은, 자신의 게임플랜에 대해 다음과 같이 표현한다. "성공하고 싶다고 생각한다면, 사람들이 무슨 생각을 하고, 무엇을 느끼는지를 알며, 갖고 싶어하는 것을 손에 넣을 수 있도록 도와주어야 한다. 그러면 자신 또한 줄곧 갖고 싶어했던 것을 가질 수 있다."

"사람들을 기쁘게 하고 그들을 설득하기 위해선, 우선 그 사람을 우선적으로 생각하지 않으면 안 된다. 그의 감정과 즐겁게 동조하며, 그가 말하고 있는 것이 무엇인지, 언급하고 있지 않는 것은 무엇인지에 귀를 기울이지 않으면 안 된다."

이 말과 같이, 주위 사람들을 포용하고 그들이 목표를 이루도록 도와줌으로써, 자신들도 좋은 자리에 위치할 수 있다고 믿고 있는 것이다. 좀 더 상세히 말하면, 사람들의 좋고 싫음의 감정이 교차되는 장소에서, 소외감을 맛보지 않고 줄타기와도 같은 인간관계에 있어서의 균형을 잡을 수 있다는 것이다.

이 행동을 취하는 데는, 재빠르게 행동하지 않는 것이 중요하다. 우선 행동을 취하기 전에 땅을 고르게 하고 정세나 분위기를 파악하는 것이 중요하다.

A/D란 유연해지고 순응적이 되어 조화를 이루는 것이다. '로마에 가면 로마법을 따르라'가 그들의 지침이다. 타인을 보다 깊이 이해함으로써 많은 도움이 되며, 자신이 원하는 것을 얻을 수 있는 기회를 늘리는 것이다.

인간관계의 조화를 유지하는 것도 바라는 것을 충족시켜 준다. 유연한 인간관계를 유지하여 순조롭게 해낸다는 것이 사고방식의 중심에 있다. 싹싹함과 탁월한 임기응변력이 전면에 나타난다. 감정이입은 부산물(副産物)이며, 어떠한 대응이 적절한지 아닌지를 배우게 된다.

A/D의 게임플랜을 지닌 사람은 이렇게 주장한다. "될 수 있는 한 평화를 유지하라. 뭔가 문제가 발생했을 때는 그것을 완화시켜야 한다. 일을 순조롭게 진행시키는 것 이상으로 중요한 건 없다. 사람들을 우호적으로 대해야 하고, 남들도 나를 좋아해야 한다. 이게 전부다. 뿌린 대로 거두는 것이다. 내재해 있는 것을 활용하라. 인생은 짧은 거니까."

A/D의 지향성을 지닌 사람은 아무래도 자신의 진정한 욕구를 전달하기란 어렵다는 걸 알게 된다. 자신이 갖고 있는 재치 있고 싹싹한 점이 자신에게 되돌아오는 것이다.

주위 사람들에게 고독감을 주지 않으려 노력하므로, 자신의 의견을 말하지 못하고 넘어갈 때가 종종 있다.

자신의 요구를 유쾌하게 표현하려고 하는 나머지, 재치와 유머를 섞어 농담처럼 얘기하므로 강한 인상을 주지 못한다. 그로 인해 본래의 의도가 인식되지 않는 경우도 있다. 진지하게 들리지 않으므로 진지하

게 받아들이지 않는다. 경쾌함과 유머는, 상대의 요구에 대한 진지함을
퇴색시켜 인상을 약화시킨다.

A/D의 지향성에서는, 지금 자신이 누군가에게 기쁨을 안겨주고 있
을 때 상대가 '당신 덕분에 기쁨을 느낄 수 있었어요' 라고 생각한다고
믿는다. 기쁨을 주고받는 행위 하나하나가 전부 장부에 기록된다고 생
각한다. '당신에게 뭔가를 해 주었으니까, 이번엔 당신 차례예요.' 그
것은 돌려받는 것이며, 뭔가를 해준 것에 대한 대가인 것이다. 자신에
게 주어진 역할을 먼저 했을 뿐이다.

A/D의 길을 걷는 사람이 마지막에 뭔가를 요구했는데 그것이 거절
당하면, 그들은 자신의 관심사가 평가받지 못하고 빚을 돌려받지 못했
다는 생각에 상처받고 분노를 느낀다. 그들의 호의를 받은 상대는, 그
들이 주고받는 것에 대한 의식을 철저히 갖고 있고, 그들 자신의 의도
가 받아들여지길 원한다는 걸 인식하지 못하는 경우도 있다.

일을 계획하거나 문제해결을 할 때는 A/D의 유연성이 제법 도움이
된다. A/D를 좋아하는 사람들은 선택사항을 찾는 일 자체를 즐길 수
있기 때문에, 한 가지의 흥밋거리나 관심사에 대한 집착이 그다지 강하
지 않다.

체면을 세울 필요도 없으며, 주위 사람들도 그들이 말을 번복하지는
않을 거라고 믿는다. 세상에서 제일 타협하기 쉬운 타입이다. 누구에
게나 쉽게 호의를 베풀고 그것이 그대로 받아들여지는 분위기가 만들
어지며, 또한 다수가 만족할 만한 해결책의 교섭도 이루어진다.

다른 것을 빨리 해결하려는 욕구가 있으므로 A/D에게는 그룹을 개
혁할 만한 능력이 있고, 모든 일을 순조롭게 진행시키며, 주고받는 분
위기를 재구축하는 데 기여한다. 타협의 효과로서, 모두가 갈등이 빚어
지는 상황에서 벗어나, 누구나 뭔가 하나라도 얻을 수 있다고 느낀다.

4개의 인생게임

전원이 승자인 것이다. 패자는 존재하지 않는다.

　적응/동조 (A/D)의 강점을 정리해 보면 다음과 같다.
　　* 새로운 생각으로 타인을 기쁘게 하면서 낡은 생각도 그대로
　　　가지고 있다.
　　* 목표에 맞춰 타인을 도와 준다.
　　* 사람들의 생각이나 감정에 대해 늘 신경 쓴다.
　　* 심각한 상황에서도, 경쾌한 어조로 긴장감을 해소한다.
　　* 유연성을 살려 우호적으로 타협한다.

　이 게임플랜의 가치관은, 조화(Harmony)이다. 유연하게 적응하여 타인의 필요나 욕구에 맞춘다. 그러면 자신의 요구도 받아들여진다. 이 지향성의 상징으로서는 '무지개'가 어울린다.

* * *

　자신이 가장 좋아하는 지향성을 완전히 이해하고 그대로 행동하면, 사람은 자신의 강점을 사용하고 있으므로 만족감을 느낀다. 자신의 강점을 억제하거나 자신이 가장 싫어하는 지향성을 갖도록 요구당하면 불만을 갖게 된다. 자기다움을 잃고 자신의 강점을 쓸 수 없는 것을 우려하는 것이다.
　네 개 중 어느 지향성이든지 서로 연관성이 있다. 자신이 가장 좋아하는 지향성에 대해 말하면 긍정적으로 받아들인다. "맞는 말이야! 물론이지! 그걸 어떻게 알았지?"라고.
　또한 그 지향성을 좋아하지 않는 사람은 이렇게 말한다. "도대체 어

53

떻게 하면 그런 생각을 할 수 있지?'라고. 말이란, 세상을 살아가는 데 있어서 '올바른 방법', '가장 좋은 방법', 즉 '내 방식'에 관한 강한 감정이나 가치판단을 하게 하는 것이다.

사람들은 대개 자신의 행동에 대해 좋은가 나쁜가를 판단한다. LIFO 이론에서는 좋고 나쁨, 옳고 그름의 판단은 하지 않는다. '보다 많은가, 보다 적은가' 또는 '가장 좋아하는가, 가장 꺼리는가'와 같이, 질이 아니라 양의 측면에서 행동을 판단한다.

우리들은 단정적이지 않은 방식으로 사람과 교제하는 방법을 익힐 필요가 있다. 우린 모두 각기 다른 인간이며, 좋고 나쁜 게 아니라는 인식이 필요하다. 그저 좀 다를 뿐이라는 것, 그것이 LIFO모델이 가져다 주는 가장 중요한 성과이다.

4개의 인생게임

5
라벨을 붙이는 일의 위험성

  행동의 기초가 되는 지향성이 명확해지면, 다음은 자기 자신은 모든 지향성의 혼합물이라고 생각할 것을 권한다. 이것 아니면 저것인 것이 아니라, 이것이기도 하고 저것이기도 한 것이다. 대부분의 사람들이 가장 좋아하는 지향성과, 가장 꺼리는 지향성을 몇 개씩 가지고 있는 것뿐이다.

  자기 자신에게, 지지/포기형 인간(Supporter-Giver), 통제/쟁탈형 인간(Controller-Taker), 신중/고집형 인간(Conserver-Holder), 또는 적응/동조형 인간(Adapter-Dealer)과 같은 라벨을 붙이지 말기를 바란다. 'OO형 인간(…er)이란 말은 영속적인 의미를 내포하고 있다. 라벨은 확실하게 고정시키는 것이지만, 그렇게 정형화된 인간이란 거의 없다.

  우리들은 언제나 동일하지 않다. 그것이 바로 지지/포기(Supporting-Giving=S/G), 통제/쟁탈(Controlling-Taking=C/T), 신중/고집(Conserving-Holding=C/H), 적응/동조(Adapting-Dealing=A/D)와 같이, '…ing' 라는 접미사를 붙인 이유이다. '…ing' 라는 접미사는, '행동' 이나 '과정' 이라는 의미를 지니고 있다.

유형론이나 분류 등의 시스템이 가지고 있는 문제는, 라벨을 붙임으로써 한 인물을 상자 속에 가두고 틀 안에 끼워 맞춰 단정적인 인간으로 고정시킨다는 것이다. 나는 인간 자체를 분류하고 싶지는 않다. '지향성, 목표, 행동'이라고 하는, 그 사람 고유의 강점, 그리고 변화하는 상황에서 사람은 어떠한 행동을 선호할까를 분류하고 싶은 것이다.

예술가이며 불교학도인 한 미국학생이, 최근 티벳에서 돌아와 내가 하고 있는 일의 내용을 대충 검토하더니, 다음과 같이 말했다. "상당히 강한 표현도 있네요. 마치 암석과도 같은 인상을 받았어요. C/T를 좀 더 부드럽게 표현할 순 없었나요?" (그녀의 취향은 S/G와 A/D였다.)

의미론을 연구하는 학자들은 표현 자체에 강하고 약한 건 없다고 말한다. 말은 그저 말일 뿐이고 중립적인 것이다. 우리들이 갖는 생각이, 말을 강하게도 부드럽게도 만든다. 그러나 우리들은 바쁜 시간 속에서 생각하지 않으면 안되고, 생산적으로 일을 하고 싶다는 지향성도 갖고 있다. 자신의 제품에 명확한 라벨을 붙여서 한눈에 인식하고 평가하고 싶은 것이다.

가장 간단한 것은 라벨을 사용한 커뮤니케이션인 것 같다. 물건이나 사람에게 라벨을 붙여, 그것이 필요한 정보를 전부 표시하고 있다고 믿는 것은 간단하기 때문이다. 예를 들어, 저 사람은 알코올 중독자다, 밤에 오줌 싸는 버릇이 있다, 수다쟁이다, 대하기 까다롭다, 비참한 패배자다, 프리마돈나다, 라고 말하는 건 쉽다. 구도가 잘 맞는 사진을 찍는 것과 비슷하기 때문이다. 문제는 이것은 고정된 틀이며, 시점을 심화시키는 걸 망각하게 한다는 것이다. 라벨은 영속적인 이미지를 불러 일으키고 만다.

'~은 ~다'가 바로 문제의 원흉이며 장난꾸러기다. '~다'는 등호(=)를 나타낸다. 예를 들면, "저 사람은 수다쟁이다"라고 말하면, '저 사람=수다쟁이' 인 것이다. 더 정확히 표현하자면, 이 인물은 "여러 상황에서 불안을 느끼고, 다양한 범위의 대화에서 주도권을 잡는 인물이다"라고 말할 수 있다. 실은 이렇게 함으로써 자신의 생각을 명확히 하고 요구를 관철시키려는 것이다. 쉬지 않고 큰 소리로 얘기하므로 사람들은 그를 멀리하게 된다. 이름을 붙여 부르는 건 아주 재미있는 일이라서, 우리는 그 인물에게 '수다쟁이'라는 편리한 라벨을 붙여 불쾌감을 삭히는 것이다. 그러나 만일 그 사람이, 우리가 자신의 생각이나 요구를 들어주고 있다고 확신하거나 자신의 욕구가 충족된다면, 수다 떠는 것을 좀 삼가고 상대방의 말에 귀를 기울이게 될지도 모른다. 만약 이미 수다쟁이라는 라벨을 붙였다면, 우린 그 사람에 대해 생각하는 걸 그만두고, 그 사람의 긴장을 풀게 할 방법이나 행동을 못 보고 지나쳐 버릴 것이다.

라벨의 뒷면을 보거나, 인간관계의 역학적인 교제방식을 경험하거나, 상자에 깨알같이 적혀 있는 효능을 읽어보거나, 또는 포장지의 성분을 주의 깊게 읽어보는 데는, 상당한 노력이 필요하다.

그러므로 라벨은 이해를 위한 지름길일 뿐만이 아니라, 그에 대한 불쾌감과 그것을 멀리하는 방아쇠가 되어, 이상한 이름이 붙은 것들의 본질이나 상세한 내용을 꿰뚫어보는 행위로부터 우리를 소외시킬 가능성이 있다.

그러나 판단기준이 될 가능성은 어디에나 있고, 모든 말의 조합 속에도 존재한다. 그렇기 때문에 더욱 라벨에 대해서는 부정적인 반응을 보이라고 권하는 것이다. 우리들은 그것들의 반응을 학습의 기회로 삼을 수 있다. 부정적인 반응을 폭발시킴으로써, 라벨의 뒷면에 있는 그 사람에 대한 보다 깊은 이해에 도달할 수 있다. 그러면 그들도 남들이 자신에게 한 것처럼 타인을 순수하게 파악하려고 할 것이고, 참된 만남이

57

나 실제의 경험에 대해 라벨이 붙여지는 위험을 피할 수 있다.

우리들은 우리들이 생각하는 대로 존재한다. 내가 제안하는 것은 복잡한 인간을 간단한 방법으로 고찰하는 것이다. 더 많이 할지 적게 할지, 때론 이렇게 하고 다른 때는 이렇게 하고, 가장 좋아할지 가장 꺼려할지 등의 관점에서 생각하는 것이다. 이처럼 양적으로 생각하는 것은, 옳고 그름, 좋고 나쁨, 강하고 약함 등의 질적인 사고방식에 대한 해독제가 되기 때문에 중요하다.

자기 자신에 대해 양적으로 생각해 보면, '전혀 하지 않는다' 라든지, '지나치게 한다' 와 같이, 어려움은 자신의 노력에 늘 붙어 다닌다는 걸 알 수 있다. 필요한 것은 '딱 적당한' 것이다. 이것을 시각적으로 표현하면, 다음과 같은 연속적인 그림이 된다.

강점의 연속

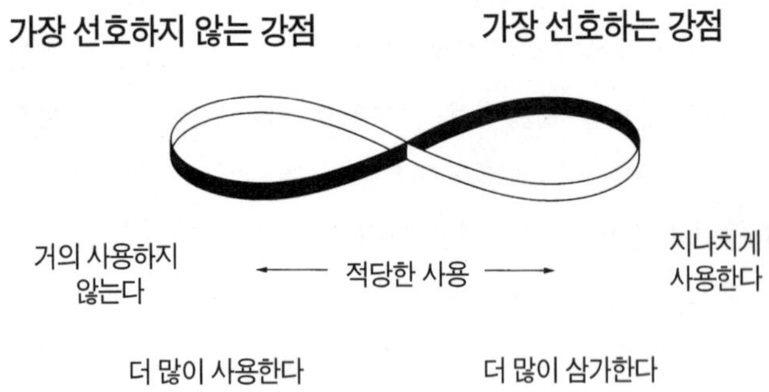

[그림 5-1] 강점의 연속

이것은 강점의 양적인 흐름을 기호화할 뿐만 아니라, 강점을 관리하는 연속적인 가능성도 기호화하고 있다.

'어느 정도' 라는 관점에서 생각해 보자. 어느 정도면 충분한 걸까? 어느 정도 '가장 꺼리는 강점' 을 사용하면, 그 강점을 발휘할 수 있을까?'가장 좋아하는 강점' 을 어느 정도만 사용하면, 과다사용으로 자멸하는 것을 피할 수 있을까?

'어느 정도' 인지를 잘 생각하면, 자기자신을 변화시키지 않고, 타인이 바라는 자신이 되려고 하지 않아도, 개선이 가능하다. 우리에게 필요한 것은 강점의 양을 컨트롤하는 것뿐이다. '딱 적당한' 위치가 될 때까지, 이 강점을 좀 더 많게, 저 강점을 좀 더 적게 하는 것이다.

양적으로 사고하면 영원히 움직이면서 변화하는 인간의 가능성에 긍정적으로 반응해 갈 수 있다. 8자를 뉘어놓은 듯한 강점의 흐름도(그림 5-1)를 보면, 과도하게 단순화된 고정적인 라벨에 의한 판단에서 벗어날 수 있다.

심리학자 가드너 머피(Gardner Murphy)는 『자기 기만으로부터의 탈피(*Outgrowing Self-Deception*)』라는 책에서 다음과 같이 서술하고 있다. "라벨 붙이기와 과도한 단순화는 '받아들이고 싶지 않은 현실' 로부터의 도피이다."

그는 만약 우리들이 보고 경험한 것을 단순화하거나 일방적으로 단정하지 않으면, 세상사를 모두 받아들이지 않으면 안되므로, 그것에 압도당하고 만다고 분명히 말하고 있다. 실제로 일어나고 있는 일이나 진실에 직면하여 맞서기 위해서는 많은 노력이 필요하다. 그러므로 인간은 단순한 것을 찾아 관리하기 쉽도록 하는 경향이 있다.

머피는 다음과 같이 결론짓고 있다. "단순한 것에는 금방 싫증을 내고 말지만, 복잡성을 향해 정진해 가는 과정에는 흥분과 설레임이 있다. 그러나, 복잡성에 이르기 위해서는 우선, 단순성부터 시작할 필요가 있다."

단순한 라벨을 응시하면서, 나는 우리들과 타인과의 관계에 관한 복잡한 일들에 대한 이해의 정도를 높여왔다. LIFO이론에는 단순한 가이드라인이 있어, 그것이 인간에 관한 복잡한 문제를 해결하는 데 도움이 된다.

인간이란, 패턴을 돌리거나 비틀거나 해서 다양한 모양과 색을 연출하는 만화경과도 같다. 돌리다 멈추면 한 개의 패턴으로 보인다. 회전시키면 다른 패턴이 보인다. 만화경은 같은 파편과 색과 모양을 갖고 있으면서도, 조금 오른쪽으로 돌리거나 왼쪽으로 돌리거나 하는 것만으로 새로운 형태가 만들어지는 것이다. 인간은 유동적이지만 그 행동은 체계화되어 있고 패턴이 있다.

유형론(typologies) 중에는, 내성적/외향적, 지배적/순종적, 주관적/객관적 등, 인간을 일정한 형태 속에 끼워 넣는 것도 있다. LIFO이론이 지닌 기본적인 생각은 우리들 자신은 그것들의 전부가 될 수 있는 혼합체라는 것이다. LIFO설문지에 의한 진단을 실시하면 좋아하는 독특한 패턴을 명확히 볼 수가 있다.

우리들 대부분은 좋아하는 것을 한 개 이상, 강점을 한 종류 이상 갖고 있다. 미국 전역에서 실시한 두 차례의 조사에 의하면, 3000명 이상의 다양한 직종의 남녀에게 있어 주요한 취향이 단 한 개인 사람은 겨우 9%이며, 네 개의 관점 전부를 동일한 빈도로 쓰고 있는 사람은 5%이다. 15%가 세 개의 지향성을 동일하게 좋아하는데 나머지 한 개를 그렇게 즐겨 쓰고 있지는 않는다. 55%가 두 개의 지향성을 자신의 인생의 안내판으로 사용하고 있다.

마지막으로, 16%는 한 개의 지향성에 강한 선호도를 나타내고 있으

4개의 인생게임

게임플랜 선호의 6가지 패턴

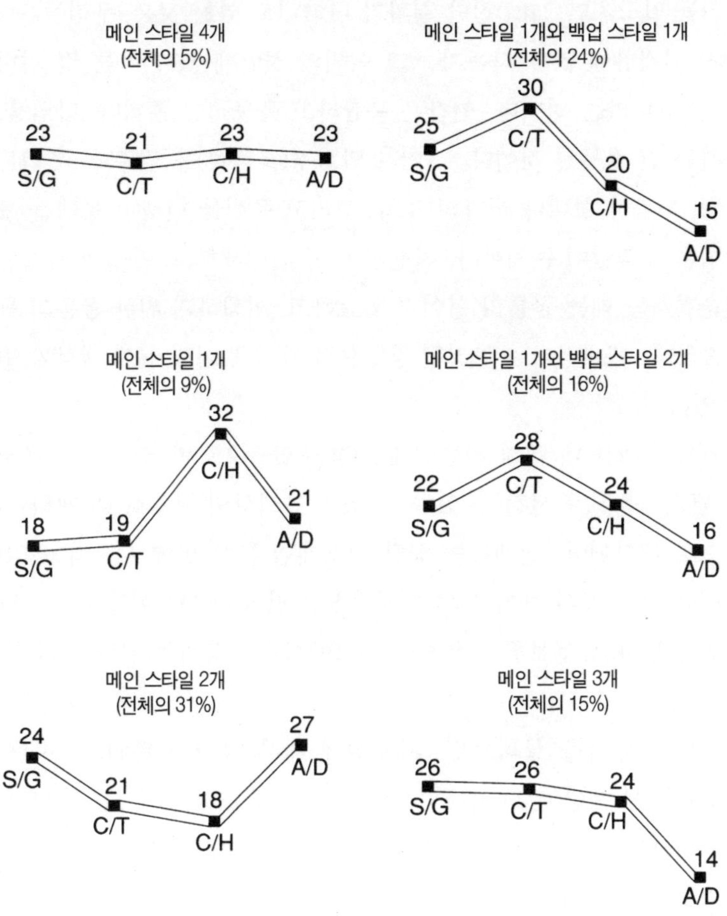

* 숫자는 LIFO 진단에 의한 포인트로서 합계 90이 된다.

[그림 5-2] 게임플랜 선호의 6가지 패턴

제5장 라벨을 붙이는 일의 위험성

며, 그 지향성을 유지하는 도구로서 두 개의 지향성을 같은 정도로 강하게 갖고 있다.(그림 5-2 선호 패턴 참조)

거듭 말하지만, LIFO진단 결과가 나타내고 있는 것은, 우리들은 '오로지 이것밖에 없다' 라든가, '그 이외의 것밖에 없다' 라는 걸 의미하는 건 아니라는 점이다. 인간은 복잡하고 유동적인 존재다. 타입을 분류하는 건 잘못된 것이다. 그러나 만화경(萬華鏡)을 멈추고, 우리들의 유형, 독특한 형태나 색깔의 조화, 그리고 우리들 인생의 형태를 보는 방법은 틀림없이 존재한다. 자신과 타인을 이해하고, 자신의 복잡함을 단순화하는 데는 공통의 언어가 필요하고, 이해하기 위한 공통의 틀이 필요하다. 체계적이며 정리된 방법으로 자신에 대해 깊이 생각할 필요가 있다.

인생에 대한 네 개의 지향성에 초점을 맞춤으로써, 단순화와 구조화의 필요성을 충족시킬 수 있다. 구조는 관리상의 편의로 네 개의 지향성으로 제한된다. 실제로는 상당수의 개념을 한 번에 사용하고 있다. 그러나 만약 십여 가지나 되는 지향성을 만들었다면 여간해서는 관리가 불가능하고, 정보를 이용하여 사고방식을 응용하는 일도 전혀 할 수가 없다.

다른 분류법을 살펴보면, 지향성에 대한 나의 결론인, 지지/포기(S/G), 통제/쟁탈(C/T), 신중/고집(C/H), 적응/조화(A/D)는 합성된 카테고리라는 것을 알 수 있으며, 많은 사람이 함께 쓸 수 있는 커다란 우산과도 같은 것이다.

이것이 정신분석의인 조지 케리(George Kelly)가 미니막스(mini-max)라고 부르는 이론이다. 개인의 행동을 설명하는 구조체는 당연히 규칙에 따르고 있다. 발생되는 수많은 일을 최대한 커버할 수 있는 최소치의 카테고리이다.

4개의 인생게임

"네 개의 지향성이라고! 인생을 너무 단순하게 정의하고 있는 건 아닐까. 인간은 더 복잡한 동물인데……"라고 의문스러워 하는 사람이 있을 것이다. 내 대답은 이렇다.

"물론 우리들은 복잡한 존재입니다. 그렇기 때문에 LIFO이론인 겁니다. 이건 우리의 스타일을 명확히 하기 위한 단순화로부터 시작되어, 복잡한 문제에 접근하기 위해 체계화된 가이드라인을 제공하는 일로 이어집니다."

네 개의 카테고리밖에 없지만, 그것을 패턴화하고 서로 잘 혼합하여, 1위, 2위, 3위, 4위로 순위를 매김으로써 조정이 가능하므로, 보다 복잡한 것을 함축하게 되는 것이다. 이는 LIFO진단을 해보면 알 수 있다. 네 개의 지향성에 대한 자신의 기호를 두 개의 국면으로 패턴화할 수 있다. '평상시(일이 순조로울 때)'와 '스트레스를 느낄 때(일이 순조롭지 않을 때)'이다. 두 가지 상태에서 네 개의 지향성이 있으므로 더 복잡해진다. 그러나 여전히 기본이 되는 네 개에 대한 사항이므로 관리가 가능하다.

LIFO진단에 따라 그 사람의 기호가 나타날 때, 각각의 기호의 강도(强度)에는 최저 9부터 최고 36까지의 폭이 생긴다. 이 포인트 수가 네 개의 단순형에 고도의 복잡성을 더하게 된다. 예를 들어, 당신은 통제/쟁탈(C/T)을 가장 좋아한다고 답해 34점이라고 하자. 그리고 나도 투쟁/쟁탈(C/T)을 가장 좋아한다고 답하지만 28점이라고 하자. 각각의 기호에 대한 강도에는 차이가 있다.

그외에도, 비슷한 것 같아도 다른 양상을 보일 가능성은 있다. 두 사람 모두, 통제/쟁탈(C/T)을 1위로 꼽고 있고, 당신은 지지/포기(S/G)를 2위로, 나는 신중/고집(C/H)을 2위로 택했다고 하자. 두 사람 모두 2위의 선택은 다르지만, 1위의 선택은 비슷한 것이 된다.

제5장 라벨을 붙이는 일의 위험성

통계적으로 보면, 복잡성의 가능성은 놀랄만한 결과를 나타낸다. 두 가지의 상황(평상시와 스트레스를 느낄 때)에 있어서 네 개의 지향성에 대한 기호의 순위를 매기면, 여덟 개의 카테고리를 만들게 된다. 이는, 음계의 여덟 개의 음이라고 볼 수 있다. 음악으로 표현하면, 간단한 포크 송도 복잡한 교향곡이 될 수 있듯이, 다양한 유형을 만들어 낼 수 있는 것이다. 그러므로, 여덟 개의 카테고리 전체의 점수로 분석하는 것이 중요하다. 여덟 개의 카테고리로밖에 분류되지 않더라도, 각각의 카테고리의 점수도 9부터 36까지의 폭이 있다. 이렇게 되면 22,400개의 유형이 가능하다.

우리들은 모두 똑같은 여덟 개의 음을 이용하여 인생을 꾸려나가고 있지만, 거기서 탄생되는 곡은 전혀 다르며, 연주되는 장소도 각기 다르다. 이렇듯 닮은 것과 다른 것이 생겨나고, 간단한 것과 복잡한 것도 생겨난다는 건, 정말 멋진 일이 아닐 수 없다.

LIFO이론을 뒷받침하는 것은 복잡성인데, 그것은 연속적으로 관계하며 작용하는, 단순하고 한정된 구조를 의미한다.

가장 선호하는 지향성과 가장 꺼려하는 지향성을 이용하는 것만으로 복잡성을 단순화한다. 또한 이 두 개는 '얼마만큼 개인적인 생산성을 높일 수 있나', '어떻게 하면 타인의 생산성을 높이는 데 기여할 수 있나', '어떻게 하면 더 효과적으로 타인과 교류할 수 있나' 에 대해 상당히 많은 것을 일깨워 주고 있다.

4개의 인생게임

6
지나친 게임

강점과 과잉사용

우리들이 약점이라 부르는 것은, 과도하게 사용된 강점 그 자체이다. 자신감은 거만함으로 변하고, 유연성은 일관성이 없는 것이 되며, 신뢰는 이용당하기 쉬운 것으로, 분석은 감각의 마비로 이어진다.

과잉사용을 조절하기 위해서는, 우선 약점이 강점에 연결되어 있다는 점을 인식해야 한다. 자신의 강점을 포기할 것까지는 없다. 그저 좀 지나치게 쓰고 있을 따름이니까. 간단히 말하면, 괜찮으리라 여긴 일도 지나치지 않게 할 필요가 있다는 것이다. 이것이 가능하다면, 시간과 노력을 절약할 수 있다. 강점이 잘못된 방법으로 쓰여져, 자신의 목적을 손상시키는 일은 없어야 할 것이다.

우리들은 두 개의 전혀 다른 상황에서, 강점을 과잉이 될 때까지 과장해 버린다. 두 개의 상황이란, 평상시와 스트레스를 받았을 때, 즉 일이 순조롭게 진행될 때와 그렇지 못할 때이다.

평상시에 우리들은 자신의 강점을 이용하여 일을 잘 해나갈 수 있다.

거기에서 강점이 쓰여질 수 있는 모든 기회를 찾기 위해 과잉사용이 행해진다. 그 강점을 사용함으로써 만족과 기쁨을 느끼기 때문이다. 본래의 자기 자신임을 느끼고 자연스러운 일을 하고 있다고 느낀다.

우수성을 추구하고 성과를 내고 지력을 발휘하며 조화를 원한다. 이것이 우리들의 모습이다. 스스로가 원해서 그렇게 하고 있는 것이다.

그러나 우리는 괜찮으리라 여긴 일을 너무 지나치게 행할 수도 있고, 우리의 기쁨이 타인의 기쁨은 아닐 가능성도 있다. 우리가 들이는 노력을 이기적이라고 받아들일지도 모르고, 강압적이라고 느껴 그만두었으면 하는 행동을 취할지도 모른다. 어쩌면 높은 완성도, 민첩한 행동, 정확한 분석, 조화를 추구하는 일 등이, 현재의 과제로는 그다지 요구되지는 않을지도 모른다.

자신의 강점을 자신의 목적을 위해, 즉 자신의 만족을 위해서만 과용한다면, 시간과 노력과 비용을 낭비하게 될 것이다.

지지/포기(S/G)

만일 자신이 선호하는 것이 S/G라고 한다면, 누군가가 도움을 필요로 할 때 기꺼이 도움의 손길을 줄 수 있고, 일이 바르게 진행되지 않을 때는 나서서 처리하며, 누군가가 자신을 필요로 한다는 신호를 보내면 달려가서 도와주려고 한다. 이런 점은 존경해야 마땅한 것이기는 하지만, 타인을 돕는 일에 지나치게 개입하여 자신의 욕구를 생각지 않거나, 자신이 본래 우선해야만 하는 사람들의 일을 망각하거나 한다. 일을 제대로 하기 위해서는, 늘 열심히 하겠다고 책임감을 갖는 대신, 요구한다!!

4개의 인생게임

또한 특별한 이유도 없이 분발하고 있는 건지도 모른다. 열심히 노력하기보다, 솜씨 있게 처리하는 편이 나을지도 모른다.

통제/쟁탈(C/T)

C/T의 과잉사용은 다르다. 어려운 상황에 도전함으로써, 자신은 그 상황을 지배하여 극복해 낼 수 있다는 것이 증명되어, 사람들에게 대단하다는 찬사를 받을 수 있다. 어려움을 딛고 일어서는 일은 하나의 즐거움이며, 자기 자신과 타인에게 그게 가능하다는 걸 보여주는 일은 그 자체가 보수이며, 성과를 내기 위해 시간과 노력과 자금이 드는 것은 개의치 않는다. 할 수 있다고 말하고 실제로 그렇게 해 보이는 것이다.

신중/고집(C/H)

C/H에서는, 정확, 적절, 완벽이라는 강점이, 오히려 정보의 분석력을 마비시키거나 과다한 수고를 끼칠 수 있다. 꼬박 하루를 들여, ‘시계는 어떻게 움직이는가’ 라는 논문을 완성하기도 한다.

적응/동조(A/D)

모든 사람들과 조화나 원만한 관계를 유지하려는 욕구가 있기 때문에, A/D는 타인의 기분을 맞추는 데 너무 열심인 나머지, 정작 자신의 방침이나 취향을 잊어버리는 경우가 있다. 다수의 사람이 관련되어 있는 상황에서는 모든 방식에 마음이 쏠려 여기저기 휘둘리고, 모든 이를 기쁘게 해주려고 하여 ‘모든 사람에게 모든 것을’ 해주려고 애쓰다가 혼란에 빠질 우려가 있다.

괜찮으리라 여긴 일은, 어느 정도로 하는 것이 적당할까? 이것은 상당히 주관적인 문제로, 관련된 사람들에 따라서도 각기 다르다. 그래도 강점을 가장 적당한 정도로 사용할 수는 있다. 어느 정도가 딱 적당할까를 찬찬히 터득함으로써, 타인은 자신에 대해 실망하지 않으며 자기 자신 또한 과다하게 만족을 추구한 나머지 헛된 수고를 하지 않아도 되는 것이다.

기원전 5세기로 거슬러 올라가면, 중국의 현자(賢者)인 노자가 『도덕경(道德經)』이란 고전을 서술하고 있다. 제4장에 "너무 세운 칼날은 금방 무뎌진다"라는 말이 있는데, 과잉사용에 대해서도 한 마디로 언급하고 있다. "지나친 것은 아직 미치지 못한 것과 같다"라고. 어처구니 없게도, 강점을 과용하면 효과가 강해져야 하거늘, 오히려 약해지는 것이다.

처음으로 딸아이에게 자전거를 사 주었을 때, 난 그 아이의 안전에 너무 신경을 쓰고 있었다. 조립설명서의 지시대로 조심스럽게 앞바퀴를 골격에 끼워 바퀴를 통과하여 양쪽 액셀 볼트의 끝에 넛트를 끼웠다. 설명서에는 손으로 넛트가 움직이지 않을 때까지 돌린 다음 스패너로 각각의 넛트를 시계방향으로 45° 돌리라고 적혀 있었다. 나는 '45°로 좋은 거라면 360° 돌리면 더 좋겠지' 라고 생각했다. 한 바퀴를 돌렸더니 그 순간 뚝 하며 넛트가 부러지고 말았다. 너무 셌던 것이다.

스테레오를 좋아하는 사람은 적당한 음량을 알고 있다. 음량을 너무 올리면 시끄럽고 음이 갈라진다.

샐러드를 만들 때, 차고 아삭아삭한 야채는 드레싱을 곁들이면 한결 맛이 살아난다. 그러나 야채 위에 드레싱을 너무 많이 뿌리면 숨이 죽어 맛이 없다.

야구의 투수는 이 원리를 잘 알고 있다. 슬라이더란 재빨리 슬라이딩

4개의 인생게임

하는 빠른 공을 말한다. 만약 너무 세게 던지면 공은 직구가 되어 회전하지 않는다. 딱 적당한 힘 조절이 필요하다.

식물은 물을 충분히 주지 않으면 시들어 죽고 만다. 그러나 너무 많이 주게 되면 섬세한 뿌리는 썩고 만다. 식물은 살아가는 데 필요한 요소를 너무 많이 공급 받으면 죽고 마는 것이다.

동물도 산소량이 과다해지면 호흡이 가빠지고, 부족하면 호흡이 끊기고 만다.

생활의 모든 것은 부족함과 지나침의 균형관계에 있는 것이다.

각각의 지향성의 강점을 표로 나타내 보면, 강점을 과용했을 때 나타나는 상태에 대해 알 수 있다.

지지/포기(S/G)

강점의 생산적 사용	과잉사용
배려심이 있다	자기를 억제한다
이상주의적이다	비현실적이다
겸손하다	자기를 비하한다
타인을 신뢰한다	이용당하기 쉽다
원조적이다	온정적이 된다
협조적이다	외부로부터 쉽게 영향을 받는다
충실하다	의리에 얽매인다

통제/쟁탈(C/T)

강점의 생산적 사용	과잉사용

제6장 지나친 게임

통제한다   권력을 휘두른다

행동이 빠르다   충동적이다

자신감이 있다   오만하다

강력하다   강제적이다

경쟁적이다   호전적이다

활동적이다   인내심이 없다

적극적이다   욕심이 많다

신중/고집(C/H)

강점의 생산적 사용	과잉사용
끈기 있다	양보하지 않는다
현실적이다	창의성이 없다
경제적이다	구두쇠다
뒤로 물러나 있다	친근감이 없다
사실에 의거하고 있다	데이터(Data)에 얽매인다
방법론적이다	진척이 느리다
체계적이다	복잡해서 이해하기 어렵다

적응/동조(A/D)

강점의 생산적 사용	과잉사용
유연성이 있다	일관성이 없다
임기응변을 잘한다	갈등을 회피한다
젊음이 넘친다	어린애 같다
열정적이다	선동적이다
실험적이다	목적의식이 희박하다

4개의 인생게임

교섭을 잘한다   뭐든지 타협하려 한다

유머가 있다   경박하다

이러한 과잉사용을 피하기 위해서는 강점을 완화할 필요가 있다. 우선 상황을 인식하고 기어를 후진으로 넣은 다음, 효과를 올리기 위해 사용량을 줄여야 한다. 이것은 본래의 자신을 변화시키라는 뜻이 아니다. 반대로 아주 조금만 정도를 낮추고, 음량을 줄이고, 취약점이라 불리는 것을 강점으로 보이기에 적당한 곳까지 가지고 갈 필요가 있다는 것뿐이다.

강점의 적정범위에 멈추고 과잉사용으로 전이되는 것을 막기 위해서는, 주위 사람들에게 자신이 언제 과잉사용을 했는지 지적해 달라고 해야 한다. 타인은 자신보다 더 정확히 볼 수가 있다. 제3자는 우리들로 하여금 과다하게 떠맡지 않도록, 지나치게 재촉하지 않도록, 너무 신중해지지 않도록, 그리고 여러 사람을 즐겁게 하는 일에 욕심내지 않도록 해준다.

평상시에 우리들은 강점과 과잉사용을 나란히 놓고 생각하지는 않는다. 옳고 그름, 선(善)과 악(惡), 강점과 약점의 관점으로만 생각한다. 이 양극적인 사고방식이 자신의 행동의 성취도가 충분과 불충분 중 어느 쪽인지를 판단하는 일로부터 멀어지는 것이다.

우리가 일상적으로 쓰고 있는 말 또한 우리의 행동을 양적으로 표현하는 데는 적합하지 않다. 사전은 우리의 특색을 나타내는 형용사들로 넘쳐나고 있는데 그건 알파벳순으로 되어 있다. 어디에도 그 말의 양적인 순서는 찾아볼 수 없다. 강점이 과잉사용으로 '옮겨 가는' 조짐도, 생산적인 것이 비생산적인 것이 되어가는 조짐도 보지 못한다.

제6장 지나친 게임

쉽게 신뢰하는 것이 속기 쉬운 것으로, 민첩한 것이 충동적으로, 논리적인 것이 시간을 지체하는 것으로, 유연한 것이 감수(甘受)적인 것이 된다. 이들 극단적인 성질의 사이를 표현하는 말, 과잉사용에 다가가면 경종을 울리는 실마리가 되는 말은 어디에 있는 걸까? 그러한 말은 거의 존재하지 않으며, 좀처럼 드물다. 유의어(類義語) 사전이나 사전을 넘기며, 인간 행동의 정도를 나타내는 말을 찾다 보면 실망하게 된다. 시험삼아 여기에 나열해 보자.

지지/포기(S/G)

강점의 생산적 사용	과잉사용의 조짐	과잉사용
배려심이 있다.	상대가 하자는 대로 한다	자기를 억제한다
이상주의적이다	비현실적이다	몽상적이다
겸손하다	양보한다	자기를 비하한다
타인을 신뢰한다	액면 그대로 받아들인다	속기 쉽다
원조적이다	부모의 마음이 된다	온정적이 된다
협조적이다	하라는 대로 한다	외부로부터 쉽게 영향을 받는다
충실하다	헌신적이다	의리에 얽매인다

통제/쟁탈(C/T)

강점의 생산적 사용	과잉사용의 조짐	과잉사용

4개의 인생게임

통제한다	보스처럼 행동한다	권력을 휘두른다
행동이 빠르다	성급해진다	충동적이다
자신감이 있다	우쭐댄다	오만하다
강력하다	역설적이다	강제적이다
경쟁적이다	논쟁을 좋아한다	호전적이다
활동적이다	긴급하게 대처한다	인내심이 없다
적극적이다	기회포착이 빠르다	욕심이 많다

신중/고집(C/H)

강점의 생산적 사용	과잉사용의 조짐	과잉사용
끈기 있다	의지를 굽히지 않는다	양보하지 않는다
현실적이다	실리주의적이다	창의성이 없다
경제적이다	검약가이다	구두쇠다
뒤로 물러나 있다	서먹서먹하다	친근감이 없다
사실에 의거하고 있다	데이터를 수집한다	데이터(Data)에 얽매인다
방법론적이다	준비시간이 많이 걸린다	진척이 느리다
체계적이다	손이 많이 간다	복잡해서 이해하기 어렵다

적응/동조(A/D)

강점의 생산적 사용	과잉사용의 조짐	과잉사용
유연성이 있다	감화되기 쉽다	일관성이 없다
임기응변을 잘한다	재치가 있다	갈등을 회피한다

제6장 지나친 게임

젊음이 넘친다	경망스런 행동을 한다	어린애 같다
열정적이다	흥분하기 쉽다	선동적이다
실험적이다	흐름에 맡겨버린다	목적의식이 희박하다
교섭을 잘한다	애매한 태도를 보인다	뭐든지 타협하려 한다
유머가 있다	실없어 보인다	경박하다

과잉사용에 다다르기 전에 중간 정도의 성질이 존재한다는 것이 밝혀졌다. 즉, 강점의 사용은 실제로는 세 단계가 있다는 것이다.

제1단계 강점의 생산적 사용
제2단계 과잉사용의 징후
제3단계 과잉사용

과잉사용에의 경종

제2단계는 강점의 적절한 사용이기는 하나, 만약 조절이 불가능해지면 과잉사용으로 옮겨간다는 걸 알려주는 경종이나 조짐이다. 일상에서 몇 가지 예를 들어보자.

지지/포기(S/G)
상황 — 데이빗은 개인적으로 프로젝트에 열심히 몰두하여 잘 해낸

4개의 인생게임

것에 대해 주위로부터 감사의 말을 듣고 이에 반응하고 있다.

　＊ 조용히(생산적) — "고맙습니다. 감사 인사 기쁘게 받았습니다. 이건 내 일이니까 열심히 한 것이고, 부하들도 많이 도와주었습니다."

　＊ 겸손하게(경종/조짐) — "내가 다 한 건 아닙니다. 실제로는 부하들이 대부분 해주었지요."

　＊ 자기 비하(과잉사용) — "그렇긴 하지만, 새로운 맴버를 트레이닝할 시간이 좀 더 있었더라면 더 잘 할 수 있었을 텐데."

통제/쟁탈(C/T)

　상황 — 자네트에게는 지금 당장 결정하지 않으면 안 되는 일이 있는데, 반대 의견을 가진 사람이 있다.

　＊ 솔선해서(생산적) — "결정하는 데 있어 좋은 점과 나쁜 점을 간단한 표로 그려 놓았어요. 당신 의견을 들어볼 때까지 안심이 안 되는군요."

　＊ 우쭐대며(경종/조짐) — "이걸 오후 시간 내에 보고, 곧 나한테 가져다 줘요."

　＊ 지배적으로(과잉사용) — "아무리 다시 생각해 봐도, 당신의 결정이 지연되는 걸 기다리고 있을 수 없어요. 좋은 점과 나쁜 점을 당장 확인해주세요."

신중/고집(C/H)

　상황 — 샌디는 주간보고서가 너무 길어 다시 쓰도록 상사로부터 지시를 받고 있다.

　＊ 철저하게(생산적) — "삭제해서 짧게 만들면 중요한 설명을 빠뜨릴 수도 있습니다. 이 내용들은 필요한 사항들입니다."

* 꼼꼼하게(경종/조짐) ― "요약한 목차를 작성하겠습니다. 5페이지 늘어날 뿐입니다. 그리고 보기 쉽게 표제에 제목도 붙일까요?"

* 복잡하게(과잉사용) ― "괜찮으시다면, 보고서 종류별로 월별 비교표를 작성하겠습니다. 표가 완성되면, 장래의 목표에 대한 충분한 양의 참고자료를 얻을 수 있습니다."

적응/동조(A/D)

상황 ― 댄은 회의에 늦어 맴버들을 기다리게 했다. 그들은 초조해하고 있었던 것 같다.

* 재치 있게(생산적) ― "기다려 주셔서 고맙습니다. 함께 시작해서 처음부터 끝까지 다 들을 수 있었던 점 감사드립니다."

* 걱정하며(경종/조짐) ― "어쩜, 이해심도 많으시군요. 필요하시다면 남아서 도와드릴게요."

* 회유적으로(과잉사용) ― "여러분께 큰 불편을 끼쳤다면, 두 번 다시 이런 일은 없을 거라고 맹세하겠습니다. 지금 이 순간부터 한치의 오차도 없이 정확히 시간을 지키겠습니다."

조용히, 눈치채지 못하게, 우리들은 생산적인 범위를 넘어 과잉사용으로 이행(移行)할 가능성이 있다. 자신의 지향성이 추구하는 목표를 달성하고 싶다는 내적 욕구가 그쪽으로 밀어붙이고 있는 것이다. 보다 의미 깊게, 만족할 만한 인생을 추구하는 동안, 괜찮으리라 여기는 일을 지나치게 행하게 된다. 본래의 자신이고자 몰두하게 되는 것이다.

그러나 일상생활의 흐름 속에서는 과잉사용이 되기 전의 중간지점을 알아차리기 힘들다. 어떤 구체적인 목표도, 자신이 지나친 행동을 보이게 될 때까지, 그리고 타인이 그 사실을 일깨워 줄 때까지, 자신이 지나

4개의 인생게임

치다는 걸 알지 못한다.

관찰하고, 관찰을 받을 필요가 있다. 자신의 책임 이상으로, 또한 주위 사람들이나 그때의 상황이 필요로 하고 있는 것 이상으로, 과다하게 떠맡고 있는 건 아닌지, 지나침은 없는지, 너무 신중한 건 아닌지, 너무 쉽게 받아들이지는 않는지를, 신뢰할 수 있는 친구나 동료, 그리고 사랑하는 사람에게 일깨워 받을 필요가 있는 것이다.

서로 보완하며, 과잉사용을 컨트롤한다 - 긍정과 장려

과잉사용이 되지 않기 위해서 서로 보완하는 데는, 엄격한 판단을 하거나 비판적이 되는 것이 아니라, 우호적이고 지원적이 될 필요가 있다. 긍정적인 피드백이 우선 필요하게 된다. 이것은 타인의 과잉사용에 대해 의견을 말하기 전에, 그 사람의 강점을 인식하는 것부터 시작하자는 것이다. 그 강점을 평가하는 마음을 표현한 후에, 더 생산적인 활동을 위한, 또는 과잉사용으로부터 되돌아오게 하거나 과잉사용으로 옮겨가 버리는 것을 피하도록 하는, 바람직한 장려나 어드바이스가 가능하다.

당신의 통제/쟁탈(C/T)의 강점 한 개가 민첩하고 강력한 아이디어를 갖는 것이라고 하자. 당신은 책임감 있게 행동하는 것을 좋아한다. 과잉사용이 되면 지배적이 되고, 때로는 타인이 당신에게 유효하고 중요한 아이디어를 말할 기회조차 주지 않는다. 주위 사람들은 당신의 성급함이나 강력함에 차단되어 지배당하고 있다고 느낀다.

존과 어떤 일에 대해 얘기하고 있을 때, 좋은 아이디어가 떠올랐다고 하자. 당신의 열정은 강해지고, 이제 논의 같은 건 하고 싶지 않다. 자

제6장 지나친 게임

신의 생각에 사로잡혀 오로지 존이 그걸 해 주기만 바란다. 그러나 존은 뭔가 중요한 공헌을 할 수 있다고 느끼며 논의를 계속하고 싶어한다. 당신은 그것을 거부하고 지배적이 되기 시작한다. 이렇게 말할지도 모른다. "됐으니까 존, 아무튼 시키는 대로 하게!"

이 경우, 긍정적인 피드백이 필요하다. 핵심적인 인물이 그 장면을 보고 있다면, 이렇게 말한다. "변함없이, 좋은 아이디어를 갖고 있군. 자네의 열정, 그리고 일을 끝내기 위한 효과적인 방법을 민첩하게 실행하는 데는 감탄했네. 하지만 최종적으로 결정하기 전에, 이 프로젝트에 관해 존의 입장을 들어보는 것이 유효할지도 모르겠네."

우선 강점을 긍정하고, 생산적인 부분을 평가하고 있다는 걸 알려, 당신이 너무 돌진하고 있기 때문에 전체를 제대로 볼 수 없다는 사실을 전달한다. 그리고 보다 생산적인 행동으로 이어지는 피드백을 요구하는 것이다.

어쨌든 피드백을 할 때는 비판이나 엄격한 판단은 피해야 한다. 이 경우에 비판적인 피드백은 다음과 같이 된다. "자네는 존에게 자신의 방식을 강요하려 하고 있어. 그가 알고 있는 것, 가능한 것에 대해 얘기할 수 있는 기회를 주지 않고 있네."

이 표현은 상대를 질책하고 비난하고 있다. 강점이 갖는 생산적인 부분은 평가하지 않고, 지나친 부분만을 지적하고 있다. 이는 자기를 방어하고 상대방을 화나게 할 것이며, 당신은 지금 이상으로 존의 생각을 배제하고, 자신이 바라는 방식을 밀어붙일 것이다

그럼, 도대체 어떻게 하면 되는 걸까? 긍정적인 피드백의 방식과, 보다 생산적인 행동으로 이어지는 가이드라인을 네 개의 지향성 별로 소개해 보자.

4개의 인생게임

행동의 긍정과 어드바이스

지지/포기(S/G) (우수성)

메리 안은 정보 인포메이션 패킷(information packet)에서 일하고 있는데, 근간에 개최되는 캔자스 시티 가라(Kansas City Gala) 기금회의의 전화캠페인에, 다섯 명의 자원봉사자를 동원하여, 초대손님을 모으기로 했다. 밤 10시, 그녀는 집의 PC로, 세번째의 간곡한 안내장의 원고 마무리에 열중하고 있었다.

상대가 어떻게 읽어줄지 기대가 되긴 했지만, 최선을 다했다고는 생각하지 않고 있다. 잘 하기 위해 다른 원고를 만들고 싶다(경종/조짐 - 성실함이 도를 넘어서 완전주의로 이어진다).

남편인 데이비드는 그녀의 한숨과 불만을 알아차린다. 그녀가 있는 곳으로 다가와서 어깨 너머로 원고를 보며 이렇게 말한다. "아주 열심히 하고 있군. 언제나처럼 최고의 작품이 나올 거야.(강점의 긍정)" 부드럽게 어깨를 주무르면서 계속 말한다. "주어진 시간 안에 할 수 있는 최고의 일을 하고 있군. 완벽하지 않을지도 모르지만, 훌륭한 원고야.(긍정) 지금 좀 자 두면, 오후 시간 자원봉사자들과의 회의에서 최선을 다할 수 있어.(생산적인 행동을 위한 어드바이스)"

그녀는 크게 한숨을 내쉬고는 잠시 묵묵히 앉아 있다. "그건 그래. 당신 말이 맞아. 아마도 그렇게 하는 게 제일 좋은 방법일 거야."라고 대답한다.

그러나 이 장면은 자칫하면 메리 안과 남편 데이비드와의 사이에 혼란을 불러일으킬 수도 있다. 데이비드가, 아내가 늦게까지 컴퓨터 앞에서 일을 하고 있는 것은 자신을 무시하는 거라고 느낀다고 하자. 초조해 하는 마음과 욕구불만을 전하고 싶다고 생각했다면, 그녀에게 다가

제6장 지나친 게임

가서 이렇게 말한다. "이것 봐. 당신은 벌써 세 개나 원고를 만들었잖아. 이걸로 충분치 않다면 더 이상 좋아질 리 만무해. 지금 당신 시간도 내 시간도 헛되이 쓰고 있어. 더군다나 아무 대가도 없잖아."

이 경우, 대화와 분위기는 틀림없이 통제불능이 된다. 만약 메리 안의 과잉사용에 대한 부정적 언동이 논의의 취지라고 한다면, 만약 그녀의 과잉사용의 이면에 있는 강점을 상대가 인정하지 않고 평가받을 수도 없다고 한다면, 그리고 만약 생산적인 행동이 나타나지 않는다고 한다면…… 노여움과 고통을 수반한 언쟁이 일어날 것이다.

어드바이스란 호의와 애정으로 행해지는 것으로, 통제를 가하는 건 아니다. 생산적 행동으로 이어지는 긍정적인 피드백을 통해 비로소 가능하게 된다.

긍정과 부정 사이의 어느 점을 선택할지는 우리들에게 달려 있지만, 긍정적으로 표현하는 솜씨는 간단히 익힐 수 있으므로, 부정적인 것을 긍정적으로 표현해 보자. 분명 좋은 결과를 얻게 될 것이다.

다른 지향성의 강점을 가진 인물에 대한 긍정적인 피드백의 예를 살펴보자.

신중/고집(C/H)(이성)

할(Hal)은 회사의 연말회의를 위해 세 개의 장소를 분석하고 있다. 각각의 회관시설에 관해 넓이나 부대시설, 회의장까지의 교통편, 숙박시설 등 수집된 정보를 써내려가고 있다.

모든 팜플렛과 광고를 자료파일에 정리하여, 좋은 점과 나쁜 점을 각각의 용지에 기입한다. 또한 공정한 의사결정을 하기 위해, 회의에 참가하는 사람들의 희망사항을 리스트에 기록하고 있다. 지금 그것들을 서로 평가하고 있는 중이다.

4개의 인생게임

동료인 조안나가 사무실에 왔다. 할은 조안나에게 말을 건다. "알다시피, 계속 고민하고 있어. 최종결정을 하기 위해선, 좀 더 정보가 필요해."(경종/조짐 ― 찬찬함을 넘어서 꼼꼼하고 복잡해진다.)

"정말이야? 그 이상 필요한 게 뭔데?" 조안나가 묻자 할이 머뭇거린다. "글쎄, 레스토랑의 가격에 관한 정보가 충분치 않아."

그녀는 얼마 동안, 할의 책상에 놓여 있는 리스트와 팜플렛을 모두 검토하고 나서 말했다.

"할, 훌륭하다고 생각해. 매우 체계적인 시점에서 결정을 내리려 하고 있으니까. 할의 상세한 분석을 이용하면, 어느 걸로 정해도 훌륭한 결정이 될 거야. 이 정도면 실망할 걱정은 안 해도 되겠어.(긍정적인 피드백) 어떻게 생각해? 오늘 결정해 버리자구. 이제 회의의 실제적인 계획으로 넘어갈 수 있겠어!(생산적 행동에의 어드바이스)"

할은 잠시 동안 눈살을 찌푸리고 있었지만, 결심을 하고는 일어섰다. "좋은 생각이야. 실제 계획! 그래, 계획으로 넘어가자!"

하지만 부정적인 피드백이라면 상황은 일변한다. 조안나가 그에게 다가가 이렇게 말했다고 하자.

"할, 아직도 그걸 하고 있어?" 팜플렛을 몇 개 집어 들고 훑어보다가 책상에 집어 던진다.

"그래, 조안나, 하지만 좀 더 정보가 필요해."

조안나는 파일을 가리킨다. "아직 정보가 필요하다구? 농담하지 마. 팜플렛하고 리스트를 봐! 너무 복잡하잖아. 이 정보를 훑어보고 있는 사이에 회의 날짜가 다가오고 말 거야. 회의장 준비를 이렇게 하는 건 당치도 않아." 그녀는 사무실을 나가려고 한다.

"기다려, 조안나. 이 회의는 1년에 한 번 개최되는 거야. 난 당신처럼 맹목적으로 돌진하진 않아. 그렇게 하면 결과는 실망적일 테니까."

제6장 지나친 게임

그녀는 되돌아와서, 할을 째려본다. "이봐, 할. 맹목적이란 게 무슨 의미야?"

그리고 보다 생산적인 행동에의 어드바이스가 되는 긍정적인 피드백이 아니라, 단정적이고 비판적인 분위기가 상호간에 고조된다.

그럼 다른 상황에서 다른 강점의 과잉사용에 대해 생각해 보자.

통제/쟁탈(C/T)(행동)

프랭크는 파트너인 피트와 사전협의를 하고 있다. 새로운 사무실용 가구를 사기 위해 여러 메이커를 비교하는 중이었다. 피트는 어느 유니트(unit)식 책상 시스템에 대해 상세하게 설명하고 있다. 책상 위에는, 잠시 후 프랭크에게 설명하고자 하는 카탈로그가 그 외에도 몇 가지 더 놓여 있다.

프랭크는 피트의 책상에 다가가 카탈로그를 집어 훑어보기 시작했다. "어! 이 책상 상당히 괜찮은데. 이걸로 하지!"

그리고는 카탈로그를 재빨리 넘기며 훑어보더니, "이거 좋은데. 무료 상담전화번호도 나와 있으니까 당장 전화하지 뭐." (경종/조짐 ― 민첩함이 지나치면 성급함이 되고 충동적이 된다.)

피트는 이렇게 말한다. "어떻게 이렇게 순식간에 결정을 내릴 수 있는지 항상 존경스럽네, 프랭크(긍정적 피드백). 하지만 좀 더 선택사항을 늘려 보는 건 어떤가? 예산도 생각하면서, 좀 더 적당한 물건을 살 필요가 있으니까."

프랭크는 잠시 멈칫하고는 대답한다. "음, 그래. 그밖에 어떤 게 있지? 지금 보고 결정하자구."

만약 피트가 여기서 화를 낸다면, 상황은 달라져 있었을 것이다. 프랭크가 피트의 책상에 다가가서 피트의 설명이 끝나기 전에 카탈로그

4개의 인생게임

를 집어 들려고 했을 때, 피트가 이렇게 말했을지도 모른다. "이봐 프랭크! 자네는 내가 끝까지 말하게 내버려두질 않는군. 난 이 책상은 어떨까 하고 생각하는데." 프랭크는 대답한다. "아냐, 이 책상이 훌륭해. 무료 전화번호가 나와 있잖아. 빨리 전화해야겠어."

프랭크는 전화기로 향하지만, 피트의 손이 그를 저지한다. "이봐, 잠깐 기다려, 프랭크. 더 이상 충동적인 결정을 하게 할 순 없어. 자네는 전에도 같은 실수를 했잖아. 컴퓨터를 너무 성급하게 샀던 거 기억하고 있지?"

이 말로 인해 험악한 감정을 낳고, 두 사람 사이에 싸움을 일으킬 것이다. 그러나, 만약 처음 시나리오를 덧붙였다면, 프랭크의 성급함을 긍정하고, 생산적인 행동을 어드바이스하는 것만으로 장벽을 없앨 수 있는 것이다.

마지막으로, A/D의 지향성에 의한 상황을 보기로 하자.

적응/동조(A/D)(조화)

라리는 며칠 후의 부서 회식을 고대하고 있다. 2개월간 열심히 준비해 왔다. 오전중의 휴식 시간에, 회식에 대한 얘기를 하려고 셸리를 찾아갔다.

"데이브와 베티 얘기 들었어? 회식에 참석하지 못해서 안타까워하고 있어. 다음주라면 괜찮을 거라고 하던데."라고 말하는 셸리.

그러자 라리는, "회식을 연기하는 게 좋을지도 모르겠네. 연기할 수 있도록 전원에게 전화할 수도 있지만, 어쨌든 다시 검토하지 않으면 안 되겠는데." (경종/조짐 — 유연성이 지나쳐 너무 쉽게 변하게 되고 산만함으로 이어진다.)

라리의 상사인 조지는 둘의 대화를 듣고 이렇게 말한다. "라리의 유연성은 인정할 만해. 부서 내의 평화를 유지하려고 애쓰고 있다는 것도 잘 알지. 데이브와 베티가 스케줄을 바꾸도록 교섭을 해 보는 게 어때?"(생산적인 행동)

라리가 대답한다. "좋아요. 그거라면 할 수 있어요. 우선은 그 둘을 빼고 진행시켜야 되겠지요. 미처 생각을 못했네요. 그들이 스케줄을 바꿀 수 있을지 어떨지 물어보겠습니다."

조지가 일정에 대해 엄격하고 완고했다고 하자. 라리가 회식 때문에 쓸데없이 시간낭비를 하고 있다고 생각해서 거칠게 얘기할 가능성도 있다. "회식 일정을 다시 짜라니? 말도 안 돼!"

라리는 깜짝 놀란다. "무슨 지장이라도 있나요?"

조지는 흥분하며, "지장이라구? 시간낭비야말로 큰 지장이지. 당신은 우선순위를 매길 줄 모르나? 머리를 써. 단지 몇 사람이 어떻게 생각할지 걱정하지 마. 일정은 그대로야!"

라리는 셀리를 향해 중얼거린다. "내년 회식 준비는 조지한테 직접 하라고 하자구. 이래 가지고는 누가 하려고 하겠어. 내가 시간 들여서 한 것에 대해 고맙게 생각하는 사람도 있어."

사람들의 과잉사용이 너무 지나친 경우, 이쪽이 불안해하고 있다는 걸 알리는 건 선의에서이다. 그러나 그것은 부정적인 비판이나 판단이다. 불안해하는 마음이 개운해질 뿐이다. 상황은 개선되지 않는다. 누군가로부터 명확한 결과를 끌어내고 싶다면, 우리들도 명확하게 행동할 필요가 있다. 부정적인 방식은 부정적인 반응을 일으킨다.

생산적인 행동으로 연결시키기 위한 긍정적인 피드백과 어드바이스에 관한 최초의 고찰은, 오래 전부터의 「샌드위치 기법」 ─ 나쁜 점을 말하기 전에 좋은 점을 알리고, 그것을 번갈아 가며 행한다 ─ 처럼 보

4개의 인생게임

일지도 모른다.

그러나 그렇지는 않다. 종래의 샌드위치 기법은 자신이 받아들일 수 없는 행동을, 그 사람이 지닌 강점과 연결짓지는 않는다. 이는 중요한 차이점이다. '긍정' 은 자신이 어떻게 보여지며, 어떻게 인식될 필요가 있는가라고 하는, 즉 그 인물의 핵심인, 인생에 대한 사고방식까지 다룬다. 이것은 입맛에 맞게 많은 불만들을 한 곳에 끼워 넣은 샌드위치와는 다른 것이다. 그보다는 어느 인물의 강점을 통해 표현되는 있는 그대로의 모습이나 개성, 의욕에 대해 우선 평가하는 것이다.

재차 말하지만, 과잉사용은 컨트롤할 수 있다. 부정적인 피드백을 해서 불안한 마음을 발산하는 것도 가능하지만, 초기의 '경종' 단계에서 '과잉사용' 이 되어버리기 전에 행동을 삼가는 일도 가능하다. 강점의 사용 상황에는 3단계가 있다는 걸 알게 되면, 잘 되리라 여겨지는 일을 '어느 정도' 하는 것이 적당한지 생각할 수 있다. '어느 정도' 라고 생각하면, 선악, 강약이라고 하는, 양극(兩極)적인 사고방식이나 딜레마에서 벗어나게 된다.

이걸까 저걸까의 속박으로부터 자유롭게 해주는 것은, 강점의 인식, 조기의 경종 그리고 과잉사용이라는 3단계의 사고방식이다. 이것에 의해 저지되고, 강점을 과용하지 않도록 할 수가 있다.

자기 자신이나 타인에 대해 비판적이 될 경우, 그 화살은 과잉사용을 향하고 있을 때가 많다. 그러나 그 과잉사용 중에서 굳이 강점을 추려 낼 필요가 있다.

과잉사용을 조절하는 데 있어서, 그 강점을 사용하지 않은 채 포기해 버릴 필요는 없다. 그건 오히려 비생산적이다. 이렇게 말해야 한다. "나를 사랑해 줘, 나의 과잉사용을 사랑해 줘. 그것도 나의 일부니까. 내 강점이 필요하다면 내 과잉사용도 받아줘야지. 날 제멋대로 내버려

두어선 안돼."

강점을 긍정하고, 분노나 비판을 담지 않은 채 생산적인 행동을 장려할 수 있는 피드백이라면, 상대는 과잉사용을 방지하는 법을 배울 수 있다.

과잉사용의 상호적인 영향

만약 과잉사용이 억제되지 않으면, 서로에 대한 오해와 소외감으로 이어진다. 표 6-1은, 사람이 서로의 과잉사용을 어떻게 보고 있는지, 서로 어떤 영향을 미치고 있는지를 나타내고 있다. 자신과 같은 스타일에 대한 사고방식을 보길 바란다. 이 부분은 다른 세 개의 스타일보다도 비교적 부드러운 표현이고 관대한 내용이다.

우리들은 자신과 비슷한 사람, 자기처럼 과잉사용을 하는 인물에 대해서는, 보다 관용적이 되고 많이 이해하는 것 같다.

그러나 직장이나 교우관계 속에는 우리들의 과잉사용을 억제해줄 수 있는, 다른 스타일을 좋아하는 인물도 확실히 존재한다. 우선 그 사람들과의 차이점을 확인하여 균형을 맞추고, 강점을 과잉사용하지 않기 위해 활용하는 것이 좋다. 자신과의 차이는, 과잉사용을 확실하게 중화시켜 준다.

만약 자신이 '지지/포기(S/G)' 이고, 높은 레벨을 목표로 하여 이상을 추구하는 경향이 있다면, 현실적인 사람에게 균형을 맞춰달라고 하여 안정적인 자세를 취하는 게 좋지 않을까?

자신이 '통제/쟁탈(C/T)' 이고 행동이 너무 재빨라 지나칠 정도라면, 스피드를 늦춰주고 행동하기 전에 신중하라고 말해줄 수 있는 인물에

4개의 인생게임

게 보좌를 받으면 좋지 않을까?

자신이 '신중/고집(C/H)' 이고, 동작이 너무 느려 지나치게 신중한 경향이 있다면, 행동에 옮기도록 방아쇠를 당겨 줄만한 사람과 같이 일하는 건 어떨까?

그리고 마지막으로, 자신이 '적응/동조(A/D)' 이고, 적당히 넘어가고 지나치게 유연한 경향이 있다면, 확신을 갖고 명확한 방향성을 부여해 주며 똑바로 이어진 길을 계속 걸어갈 수 있도록 해 줄만한 사람과 함께 있는 건 어떨까?

우리들이 서로를 필요로 하는 것은, 단지 과잉사용을 컨트롤하기 위한 것뿐만이 아니라 그밖에도 여러 가지 이유가 있는 것이다.

스트레스를 느낄 때의 과잉사용

그럼 스트레스를 느끼고 있는 상태, 일이 잘 안 되고 있을 때의 과잉사용에 대해 생각해 보자. 여기서 과잉사용은 전혀 다른 성질을 갖고 있다. 과잉사용은 자신의 강점을 경솔하게 맹목적으로 과용한 건 아니며, 기대감이나 자기만족을 위한 행동도 아니다. 반대로 스트레스나 심한 부담감에 직면하는 긴급사태에 대비하여, 대항하고 저항하기 위해 상기시키는 것이다. 스트레스를 느낄 때란 타인이 자신에게 전혀 찬성해 주지 않는다든지, 혹은 자신이 하고 싶은 일에 대해 격렬하게 저항을 받는다든지 하는 상황도 포함된다.

스트레스를 느낄 때에는 경종의 스위치가 꺼져버리고 자립신경 계통이 마비되어 버린다. 신체는 총력을 기울여 대항하려고 초조해 하며 마치 비상사태와도 다름없다. 우리들은 전투기의 조종사가 되어 활주로

제6장 지나친 게임

[표 6 - 1] 강점의 과잉사용이 타인에게 미치는 영향

	지지/포기(S/G)	통제/쟁탈(C/T)
지지 /포기 (S/G)	S/G는 S/G를 이렇게 보고 있다. * 양심의 가책을 느끼게 한다. * 자신을 오해하고 있다. * 실망시킨다. * 자신을 신뢰하고 있지 않다.	C/T는 S/G를 이렇게 보고 있다. * 완전을 기하기 위한 필요사항이 너무 많다. * 행동이 부족하다. * 너무 유연하다. * 비현실적이다.
통제 /쟁탈 (C/T)	S/G는 C/T를 이렇게 보고 있다. * 거만하고 인정사정 없다. * 배우려고 하지 않는다. * 신념이나 원칙이 없다. * 과다하게 요구하며, 만족하는 법이 없다.	C/T는 C/T를 이렇게 보고 있다. * 화를 잘 내고 충동적이다. * 한계를 넘는 일이 빈번하다. * 타인에게 어떤 여지도 주지 않는다. * 통제가 불가능하다.
신중/ 고집 (C/H)	S/G는 C/H를 이렇게 보고 있다. * 경계심이 너무 강하다. * 형식과 절차에 지나치게 얽매여 있다. * 남을 잘 배려하지 않는다. * 소극적이다.	C/T는 C/H를 이렇게 보고 있다. * 반응이 늦다. * 세세한 일에 사로잡혀, 행동에 옮기지 않는다. * 경계심이 너무 강하다. * 하고 싶은 일을 억제한다.
적응 /동조 (A/D)	S/G는 A/D를 이렇게 보고 있다. * 타협하는 일이 너무 잦다. * 신뢰할 수 없다. * 자신의 신념이 없다. * 신중하게 생각하거나 깊이 관여하 지 않는다.	C/T는 A/D를 이렇게 보고 있다. * 교활하다. * 쓸데없이 걱정한다. * 이해하기 힘들다. * 늘 신뢰감이 들지 않는다.

The Name of Your Game

신중/고집(C/H)	적응/동조(A/D)	
C/H는 S/G를 이렇게 보고 있다. ＊ 지나치게 감정적이다. ＊ 객관성이 결여되어 있다. ＊ 좀 더 일관성을 가질 필요가 있다. ＊ 비현실적이고 이상주의적이다.	A/D는 S/G를 이렇게 보고 있다. ＊ 지나치게 착실하다. ＊ 자제심이 강하고 너무 도덕적이다. ＊ 지나치게 비판적이다. ＊ 기준에 관해서는 유연성이 없다.	지지 /포기 (S/G)
C/H는 C/T를 이렇게 보고 있다. ＊ 너무 충동적이다. ＊ 지나치게 감정적이다. ＊ 위험성을 느끼게 한다. ＊ 비용과 실제적 사항을 경시한다.	A/D는 C/T를 이렇게 보고 있다. ＊ 사람들의 반응을 개의치 않는다. ＊ 원만한 관계를 위한 타협을 하지 않는다. ＊ 하나의 견해에 얽매인다. ＊ 타인과 충분히 동조하지 않는다.	통제 /쟁탈 (C/T)
C/H는 C/H를 이렇게 보고 있다. ＊ 너무 꼼꼼하다. ＊ 지나칠 정도로 사실에 얽매여 있다. ＊ 하나의 데이터에 너무 집착한다. ＊ 너무 이치를 따진다.	A/D는 C/H를 이렇게 보고 있다. ＊ 우호적이지 않다. ＊ 타인의 감정에 민감하지 않다. ＊ 유머감각이 없다. ＊ 너무 엄격하여 자신을 굽히지 않는다.	신중 /고집 (C/H)
C/H는 A/D를 이렇게 보고 있다. ＊ 너무 사람을 중심으로 생각한다. ＊ 현실성이 결여되어 있다. ＊ 농담이 너무 잦다. ＊ 정해진 사항을 소홀히 한다.	A/D는 A/D를 이렇게 보고 있다. ＊ 술책을 남용한다. ＊ 타인을 조롱한다. ＊ 자신의 입장을 분명히 하지 않는다. ＊ 불안하게 만든다.	적응 /동조 (A/D)

제6장 지나친 게임

를 빠져나와 마지막 기어를 넣는 것이다. 우리들은 소방수가 되어 기둥을 타고 내려와 장화를 신고 소방서를 출발하는 소방차에 올라타는 것이다.

일상에서 느끼는 압박감 정도로는, 전투기의 조종사나 소방수와 같이 극적인 상황에는 직면하지 않을지도 모르지만, 우리들의 체내에서는 그러한 극적인 상황이 벌어진다.

스트레스에 관한 연구의 '대부'라고 불리는 한스 세리에는, 1937년에 간행된 저서 『현대사회와 스트레스(*The Stress of Life*)』에서, 스트레스를 느낄 때 우리들에게 어떤 일이 일어나고 있는지를 밝히고 있다. 그는 스트레스 반응을 'General Adaptation Syndrome(G.A.S.)'라고 부르고 있다. 단순히 말하면, 경종의 스위치가 꺼져버렸을 때에 누구나 경험하는 상태이다.

세리에는 스트레스에 적응하는 최초의 단계를 경종이라고 부르고 있다. 타인의 입장이나 행동은 전부 자신의 양호한 신체와 정신을 협박하는 것이라고 인식하고, 경종의 방아쇠를 당긴다. 초기 단계는 뇌의 시상하부(視床下部)에서 우리들 신체가 움직일 준비가 되었다는 신호를 보내고, 모든 신체반응이 일어난다. 예를 들면, '심장이 빠르게 고동치고, 혈액 중의 호르몬은 근육과 뇌에 에너지가 충만할 때까지 당을 보내며, 산소를 더 많이 들이마시기 위해 호흡이 빨라진다. 땀을 흘리거나 한기를 느끼기도 한다. 흥분해서 불같이 달아오르기도 하고 겁이 나서 흠칫 놀라기도 한다' 등이다.

육체적 욕구와 공포에 대한 심각성에 의해, 우리들은 상황에 대해 재빨리 반응을 보일 수 있다. 의견 차이를 해소하고 긴급사태에 대처한다. 그러면 두려움은 사라지고 신체적인 균형을 찾고 평상시의 상태로 돌아온다.

4개의 인생게임

그러나, 만약 역경에 대처할 수 없다면 두려움은 계속된다. 이 경우는 스트레스에 적응하기 위한 다음 단계로 돌입한다. 포화상태가 되는 것이다.

이는, 우리들의 신체반응이 방어상태를 유지하기 위해 긴장상태를 계속한다는 걸 의미한다. 근육은 계속 긴장하고, 심장은 빨리 뛰고, 혈압은 높아지며, 혈액 중의 호르몬은 근육과 뇌가 에너지로 가득 채워지도록 계속 당을 보낸다. 이 대규모의 노력을 당연한 거라고 느낀다. 스트레스나 갈등에의 대응이 바빠져서 자신의 신체반응을 알아차리지 못한다. 육체는 멀리 있는 존재라고 느껴진다. 이것이 포화이다.

혹시 당신은 늘 이런 상태가 되어 있지는 않은지?

만약 스트레스가 잘못된 상태로 계속된다면, 날카로웠던 지각(知覺)과 노력은 무뎌질지도 모른다. 적절하지 않다고 느끼기 시작한다. 초조하고 화가 나고 낙담하는 경우도 있다. 고통이 이어진다. 누적된 스트레스가 경감되지 않으면 고통을 일으킬 가능성이 있다고, 한스 세리에는 말하고 있다. 스트레스는 자극을 줄 뿐이지만, 고통은 쇠약을 동반한다.

과잉사용으로 들어가 보자. '그렇다면!' 이라고 자신에게 물음을 던져본다. '노력이 헛되이 끝나고 고통을 느낀다면, 왜 자신의 강점을 더 많이 사용하지 않는 걸까? 그리고 에너지 저장고에 이르러 노력이 추가된다. 추가된 것은 대개 과잉사용이 된다.

예를 들면, '지지/포기(S/G)' 의 지향성을 지닌 사람이 스트레스 상태에 있으면, 자진해서 책임을 지려고 하고 비난을 받아도 열심히 일하며, 호전시키려고 끊임없이 시도한다. 이것은 자주 효과적으로 스트레스와 연결되므로, 불가능한 일을 달성하지 못할 때 자신과 타인에 대해 비판적이 되기 시작하는 '과잉사용' 으로 이어지는 것이다. 일이 잘 안

되면, 잘 되고 못 되는 건 자기 하기 나름이라고 말한다. '성실하고 착한' 사람은 틀림없이 잘 해낼 수 있다고 생각한다.

스트레스를 느낄 때의 '통제/쟁탈(C/T)'의 지향성에서는, 더 노력하고 더 긴급하게 대처함으로써 일을 효과적으로 처리할 수 있다. 긴급의식을 발동시켜, 당면한 여러 문제에 동시에 대처할 수 있다. 그러나, 그 밖에 관련이 있는 사람들과 확인도 하지 않은 채 결정하고 일방적으로 행동함으로써, 노력이 분산될 위험이 있다. 긴급성은 과장되면 비상사태가 되고, 타인을 혼란상태로 몰아넣고 만다.

'신중/고집(C/H)'이 스트레스 상태에 있으면, 사물을 분석하고 단계별로 우선 순위를 매겨 체계적으로 문제를 해결한다. 과장되면 분석마비에 빠지고, 마치 시간은 얼마든지 있는 것처럼 의사결정 기한을 지키지 않고, 상황의 위험성이나 긴박감을 무시한다.

'적응/동조(A/D)'에 의한 스트레스의 처리는, 침착한 의식을 유지하려고 노력하고, 유머를 섞어가며 사태를 해결하고, 약속과 밝은 전망으로 안심시키며 원활하게 일을 진행시킨다. 그렇지만 그것을 과용하면 상황의 심각성을 희미하게 하고, 낙관적인 희망을 내걸어 일이 잘 안 됐을 때는 사람들을 실망시키게 된다.

이것은 스트레스를 받아들이는 제2의 단계이며, 고통의 비에 흠뻑 젖어 얼어붙어 있으므로 과잉사용은 활동적이 되기 위한 최고의 기회가 되어 있는 것이다. 상황은 호전되지 않는다. 자기 자신은 변하지 않는다. 공격당할지도 모른다. 그렇다면 알기 쉬운 해결책은 더욱더 강점을 쓰는 일이 된다. 그러나 이것은 자신에게 되돌아오고, 고통이 더해져 역효과가 되는 과잉사용도 생겨나는 것이다.

만일 비상사태가 수습되지 않는다면 공포에서 해방되지 못한 채, 적응하기 위한 제3단계에 돌입한다. 기진맥진한다. 갑자기 다 타버린다.

4개의 인생게임

모르는 장소에 온 것같이 느껴진다. 이제 아무것도 할 수 없을 것 같은 느낌이 든다. 산산조각이 된다. 에너지가 남아 있다면, 또는 자신을 일으켜 세울 수 있다면, 책을 읽거나 술을 마시거나 휴가를 내거나 TV 앞에서 멍하니 있게 된다.

피로의 최종단계란 줄곧 스트레스 상태에 있는 원인을 찾아내는 것이다. 그러나 그것을 인식하는 건 한 시간 후, 하루 후, 한 달 후, 어쩌면 1년 후일지도 모른다!

한 시간 후라도 1년 후라도 이건 너무 길다. 대개의 경우, 중요한 인물로부터 포기당하고, 시간과 노력을 낭비하고, 몸을 상하게 한다.

하지만 모든 스트레스가 나쁜 것만은 아니다. 가슴 설레게 하는 경우도 있다. 많은 사람들은 스트레스를 느끼면서도 최고의 일을 해내고, 가장 높은 수준의 활동을 한다. 스트레스가 역효과를 낳는 것은 고통이나 과잉사용이 나타났을 때뿐이다.

자신에게 있어서의 스트레스는, 타인에게는 스트레스가 아닐지도 모른다. 우리들을 폭발하게 하는 건 각기 다르다. 자신에게 있어서의 경종은, 타인과는 전혀 다를지도 모르고, 같은 경종이 누군가에게는 더 크게 들릴지도 모른다.

그러나 경종이란 도대체 무엇일까? 또한 과잉사용을 피하거나 그만두기 위해서 할 수 있는 일은 무엇일까?

우선은 경종에 관한 것이다. 어떤 상황 속에서 울리는 경종에는 여덟 종류가 있다. 또한 우리 몸 속에 존재하며 어떤 상황에서도 붙어 다니는 개인적인 경종도 여덟 종류가 있다.

상황이 울려 주는 경종이란,
＊ 마감일이 다가온다.

* 목표가 너무 애매하다.
* 권한과 책임이 분명치 않다.
* 의지할 만한 주요 인물로부터 지원받지 못한다.
* 정반대 의견을 가진 두 사람의 주요 인물로부터 모순된 기대를 받고 있다.
* 사람이나 비용에 대해 책임이 커진다.
* 해야 할 일이 너무 많다. 또는 경험에 비해 부담이 너무 크다.
* 변혁이 너무 빠르거나 너무 늦다.

개인적인 경종이란

* 실패에 대한 공포감이 있다. 또는 실제로 실패한다.
* 자신의 영역이 침범당한다. 또는 침범이 예상된다.
* 위험도가 큰 의사 결정을 하지 않으면 안 된다.
* 익숙하지 않은 상황이 있다.
* 필요한 것을 빼앗길지도 모른다는 두려움이 있다. 또는 실제로 박탈당한다.
* 자신의 자긍심(Self-Esteems)에 대해 공격받는다.
* 하고 싶은 일에 대한 저항과 방해가 있다.
* 이길까 질까, 옳은가 그른가에 대한 다툼이나 대립이 있다.

경종은 어디에나 있다. 스트레스 상태일 때, 무엇이 당신에게 경종을 울리는 걸까? 어느 경종이 스트레스나 과잉사용을 줄일 수 있을까?

만일 명확히 할 수 없다면, 더 주의 깊고 더 조심스러워질 필요가 있다. 만일 이미 경종에 대한 감각이 마비되어 있다면, 당신은 이미 고통의 단계에 있는 것이므로 최종단계가 되는 피로가 경종을 울려주기를

4개의 인생게임

기다려서는 안 된다.

다행스럽게도 과잉사용이란, 고통이라는 육체적 영향이 발생하기 전에 울리게 되는 '사전경종사인' 이다. 과잉사용이란 강점을 과용한 것으로, 어두운 밤에 깊어진 고통에 빛을 쬐는 것같이, 그것 자체에 고통의 신호를 내포하고 있다. 자신의 과잉사용에 주의하고 있으면 스트레스 관리의 기본적인 스텝은 확보할 수 있다.

과잉사용 행동이 고통의 신호라는 걸 알았다면, 기어를 되돌릴 필요가 있다. 자신 안에서 울리는, 또는 뭔가의 상황에서 울리는, 양쪽의 경종을 명확히 해야 한다. 우선은 스트레스를 만들고 있는 요인과 마주볼 필요가 있는 것이다.

만일 그것이 '생활의 변화의 급속함' 이라고 한다면, 변화의 스피드를 늦추고, 보다 긴 기간을 마련할 필요가 있다.

만일 그것이 '위험의 정도' 라면, 그것을 고백하고 상황과 활동내용을 재구축하여 위험을 줄일 필요가 있다.

만일 '애매한 목표' 때문에 방향성이 막연하고 어려움과 불확실성이 발생한다면, 주요 인물과 방향성 설정에 집중하여, 명확하면서도 달성 가능한 목표를 마련할 필요가 있다.

만일 '실패에 대한 두려움' 이나 '영역에의 침입', '경쟁과 적대심' 이 경종이라고 한다면, 본래의 양호한 상태로 되돌릴 필요가 있으며, 감정에 호소하는 경종의 영향에 대해 너무 예민해지지 않도록, 자기 자신을 재구축할 필요가 있다. 시간이 걸릴 수도 있고, 신뢰하는 인물에게 코칭이나 카운셀링을 받아야 할지도 모른다.

문제해결이나 상황의 재구축 또는 개인적 경종에 대해 과민해지지 않는 것은, 지나친 노력으로 스트레스에 맞서기보다 훨씬 생산적이다. 과잉사용은 또 다른 과잉사용을 낳는다. 이것은 순환하고 있는 것이

제6장 지나친 게임

다. 과잉사용을 멈추게 하기 위해서, 자기정의가 강한 자신, 거만한 자신, 꼼꼼한 자신, 혹은 팔방미인인 자기자신을 단순히 질책할 순 없다. '나쁜' 자신을 감정적으로 꾸짖는 대신, 상황이나 잠재적인 스트레스의 근원을 타파하지 않으면 안 된다.

타인으로부터의 질책도 문제를 완화시키지는 못한다. '무법자', '배려 없음', '자기 중심적' 등으로 불리는 것은 좋은 영향을 끼치지 않는다. 바로잡혀지고, 비판당하고, 배척당하는 것으로 스트레스의 근원은 없어지지 않는다. 부적합한 의식과 초조함이 더해질 뿐, 또 다른 과잉사용을 낳는 것이다!

마지막으로 제안하고 싶은 것은, 중요한 인간관계를 더 양호하게 다지고 싶다거나, 다 청산하고 싶다는 생각은 어느 쪽도 도움이 되지 않는다는 점이다. 고뇌와 소외감을 낳을 뿐이다. 고통과 과잉사용에 대한 무지야말로 가장 큰 적이다.

문제해결을 통해서 스트레스의 근원을 바로잡고, 상황적·개인적 경종을 차단한다. 그러면 과잉사용은 강점으로 되돌아올 것이다. 소외감은 화해로 전환되고, 인간관계는 개선되며, 개인의 생산성이나 만족감도 똑같이 높아진다.

4개의 인생게임

7
선호하지 않는 게임
── 게임플랜의 사각(死角)

과잉사용이란 연속되는 인간행동의 일부분이며, 다른 한 면에는 불충분함이 존재한다. '불충분한 것과 너무 안 하는 것'은 '지나친 것'과 같은 정도로 역효과를 내는 경우가 있다. 당신이 선택하지 않은 관점을 더 활용함으로써 사각(死角)을 커버할 수 있고, 자신의 주변에서 일어나는 일이나 늘 지나쳐버리는 것들이 시야에 많이 들어오게 된다.

전통적으로 사각(死角)이란 억압된 사고, 감정, 아이디어가 존재하는 장소를 의미해 왔다. 인지(認知)되지 못한 채, 그 존재는 부정되어 왔다. 의식적으로 받아들일 수가 없어서, 보이지 않는 곳으로 떠밀려 버리는 것이다.

LIFO이론에서 말하는 사각(死角)이란 자신의 시계(視界)로부터 잘려나간 각도에서의 시야이다. 예를 들어 자동차를 운전하고 있을 때, 뒤쪽 창과 조수석 쪽의 옆 창과의 사이는 사각이 된다. 어깨 너머로 뒤돌아보며 아무도 없는지 확인해도, 모든 게 완전히 보이는 건 아니고, 만약 소형차가 와 있었다면 보지 못할 가능성도 있다.

이처럼 인생을 바라볼 때에도 사각은 반드시 발생한다. 자신이 보고

360°로 보고 전체상을 파악한다

귀하는 어떤 정보를 전달하고 있지 않은가?

지지/포기(S/G)

□ 전달할 것
  관련된 모든 사물의 품질, 이익에 관한 정보
□ 물어볼 것
  어느만큼 좋은가?
  누구를 위한 것인가?

통제/쟁탈(C/T)

□ 전달할 것
  찬스나 장애에 관한 정보
□ 물어볼 것
  누가 지휘(관리)하고 있는가?
  어떠한 이점이 있는가?

신중/ 고집(C/H)

□ 전달할 것
  대체안, 단계, 순서에 관한 정보
□ 물어볼 것
  어떤 효능이 있는가?
  전례는 있는가?

적응/동조(A/D)

□ 전달할 것
  주위 사람들이 받아줄 것인가?
  어떻게 하면 타인이 마음에 들어할 것인
  지에 관한 정보
□ 물어볼 것
  상이점을 통합, 정리하여 조화를 이루도
  록 하기 위해서는 어떻게 하면 좋은가?

[그림 7-1] 360°로 전체상 파악

4개의 인생 게임

있는 것 이외에도 뭔가가 존재하는 것이다. 그리고 자신의 시계에 나타나지 않는 것, 사각을 만들고 있는 것, 완전한 360°의 시계(視界)를 방해하고 있는 것은, 자신이 가장 꺼려하는 것의 관점이다.

표 7-1에서, 자신이 가장 꺼려하는 관점을 보기로 하자. 자신이 직면하고 있는 것을 완전하게 받아들이기 위해, 자기자신에게 물어봐야 하는 질문이 실려 있다.

대개의 경우 자신이 가장 꺼리는 관점, 혹은 자신이 꺼리는 스타일을 좋아하는 사람에게는 거의 주의를 기울이지 않는다. 실제로 그와 같은 인물은, 자신에게 있어서는 상당히 이질적이므로 피해 버리는 것이다. 동종의 인간은 아니다. 서로 파장이 다르다.

하지만 상황이 필요로 하거나, 다른 관점에서 그 사람에게 매력을 느끼거나 했을 때, 잘 사귀어 보려고 생각하면 초조해진다. 좋아하고 존경하고 사랑하고 있지만, 그들의 방식을 이해할 수 없는 것이다. 관점에 관한, 자신과의 차이점을 인정하지 않는 한, 문제나 상황에 대한 자신의 시계는 불완전하다.

큰 계획을 세우거나 의사결정을 하거나 할 때에 모든 기본을 확보하여 자신을 지키려면, 사물에 대한 적절한 질문을 던지고, 각각의 관점에 근거하여 그 입장에 서 볼 필요가 있다. 그러나 한 단계 더 앞으로 나아갈 수도 있다. 자신이 가장 꺼리는 강점을 써서, 보다 쾌적하게 행동하는 법을 익힘으로써 자신의 강점을 늘릴 수 있다.

시간이 지나면 자신이 가장 꺼리는 관점에서 비롯된 강점이 자신의 새로운 힘이 될지도 모른다. 그들의 지향성을 사용하는 행위 또는 그 지향성을 가장 좋아하는 사람과의 교제를 주저할 필요는 없다.

놀랍게도 이것에 의해 성장 가능하며, 보다 많은 선택사항이 주어진다. 나 자신의 경험을 예로 설명해 보자.

제7장 선호하지 않는 게임

　LIFO이론과 트레이닝을 개발하기 시작했을 무렵, '신중/고집(C/H)' 을 이해하고 평가하는 것이 나에게는 어려웠다. 기본적으로 내 취향의 스타일은 '통제/쟁탈(C/T)' 과 '적응/동조(A/D)' 였다. LIFO진단 결과에서는, 내가 얼마나 C/H요소가 적은가를 알 수 있었다.난 국내를 순회하며, 여러 프로그램 사이를 오가는 가운데, 그 페이스와 다양성을 만끽하고 있었다. 한 번에 한 개의 사항을 들어 체계적인 방법으로 자신의 노력을 증대시키는 것은 힘든 일이었다.

　네 개의 지향성을 설명할 때, C/T에 대해서는 막힘 없이 설명할 수 있고, 열정을 기울이고 있다는 걸 알 수 있었다. 2위로 선택하고 있는 A/D의 경우도 마찬가지로, 설명하기란 간단했으며, 내가 명확하게 이해하고 있는 것을 전달할 수 있었다. S/G는 좀 어려웠고, 설명이나 표현은 완전하지 않았다. 그리고 C/H의 설명을 할 때는 매우 기계적이 되었고 많이 생각하지 않으면 안되었다. 그건 내적인 시각이 아니라 외적인 시각에서의 설명이었다. 의식을 근접시키는 일은 가능했으나, 마음까지 그 안에 투입시키지는 못했다.

　내게 있어서 더욱 어려웠던 점은 C/H 스타일의 사람과 함께 일하는 것이었다. 같이 있기에 불편하고 안정이 되지 않으며 때로는 불안하기까지 했다. 이중으로 어려웠던 건, 나 자신은 LIFO트레이닝의 전문가이며 창설자로서, 모든 지향성에 관해 이해하고 있지 않으면 안 된다고 생각하고 있었기 때문이다. 내 이론에서는 최상의 스타일이란 존재하지 않으며 모든 스타일이 유효했다. 자신의 이론과 개인적인 반응의 차이를 조화시키는 일이 중요했다. 나는 '가르치고 있는 내용' 을 스스로 실천하고 싶었다.

　'어떻게 된 거지?' 라고 자신에게 질문을 던져본다. '어째서 이 지향성에 대해 특히 더 낯설고 거리감을 느끼는 걸까? 누구의 영향일까? 왜

4개의 인생 게임

이 창으로부터는 좀처럼 밖을 보려고 하지 않는 걸까? 왜 이렇게 익숙해지지 않는 걸까? 몇 가지의 애매한 기억이 되살아나기 시작했다.

'이것일까?' 그렇다. 세계대공황이던 1930년대의 나의 어린 시절, 우리 집은 가난했다. 어머니는 살림을 잘 꾸려나갔고 필요한 것들을 거의 스스로 마련했다. 낡은 가구들로 거실을 꾸미기도 했는데, 거긴 다른 방과는 전혀 다르게 보였다. 슬리퍼의 커버를 갈고 쿠션도 바꿨다. 오래된 물건이었지만 늘 새롭게 보였다.

그러나 그 반면 떠오르는 게 있다. 어머니는 언제나 내가 있는 장소나 일거수 일투족을 알려고 했다. "어디에 가니? 누구랑 만나니? 뭘 하는 거지?"라고 물어오면, 나는 낱낱이 보고해야 했다. 나름대로의 확신과 예견이 필요했는데, 그건 수년 후 어머니가 캘리포니아에 날 찾아왔을 때에도 그랬다. 비행기가 도착하고, 서로 껴안고 키스를 주고받고, 차에 짐을 싣고 출발했다. 도중에 어머니는 질문하기 시작했다. "너 내일은 뭘 할 거니? 난 목요일에 자네트 숙모를 만나고 싶단다. 금요일은 헐리우드의 영화스튜디오에 갈래? 그리고 토요일엔 디즈니랜드에 가고 싶은데. 집에 도착하거든 항공회사에 전화해서 필라델피아행 예약 확인을 하자꾸나."

난 어머니의 C/H과잉사용을 경험하고 있었다. 실제로 어머니가 알 필요가 있고 확인할 필요가 있을 땐, 마치 취조를 받는 듯한 느낌이었다. 자신이 지닌 강점을 최대한 활용함으로써 얻을 수 있는 강점이 있음에도 불구하고, 난 그와 같은 방법을 한사코 거절하기 시작했다. 어머니의 과잉사용은 참기 어려운 것이어서, 나는 C/H를 좋아하지 않기로 마음먹었던 것이다.

하지만 세월이 흐를수록 난 'C/H에 대해 배울 수도 있지 않을까? 다른 사람의 사용법을 배울 수 있는 건 아닐까? 라고 생각하게 되었고,

제7장 선호하지 않는 게임

C/H에 대한 평가를 달리하여 어쩌면 자신의 인생에 있어서도 C/H의 강점을 쓸 수 있는 건 아닐까라고 생각했다.

어느 컨설팅 업무가 떠올랐다. 중역들은 모두 C/H를 첫번째, 또는 두 번째로 선호했다. 그걸 알았을 때, 얼마나 당황했는지 모른다. 회의에서 그들은 너무나 사실만을 중요시했다. 이성적이고 객관적인 분위기가 감돌았다. 그들은 어쩌면 불안정한 문제, 인사에 관한 문제, 그리고 자신들의 성공과 실패까지도, 점잖고 조용하게 얘기를 나눌 수 있을지도 모른다. 그러나 그들이 회의에 임하는 방식이 내겐 매우 이질적으로 느껴졌다. 당혹스러웠다. '이 사람들은 흥분하거나, 어떤 일로 고민하거나 하는 일은 없는 걸까? 모두가 이처럼 기계적으로 처리되어야만 하는 걸까? 분위기를 새롭게 바꾸고자 할 때, 그들은 어떤 식으로 얘기를 나눌까?

다행스럽게도, 내 동료들은 C/T와 C/H를 선호하고 있었다. 모든 것을 철저하게 생각함으로써 분위기를 새롭게 할 수 있으며, 반드시 대결하거나 격렬한 논의를 할 필요가 없다는 걸, 그들을 통해, 그리고 이 그룹과의 만남을 통해 깨달을 수 있었다. 문제의 효과를 총망라하는 것의 만족감에 비하면, 표면적으로 열정적이 되는 것은 그들에게 중요하지 않았다. 더 인내심이 강해지는 것, 완전하게 되는 것, 구조적이 되는 것의 이점을 볼 수 있었다. 이 컨설팅 업무에서 동료들은 나를 완전하게 보완해 주었다.

동료의 행동을 보고 나서 난 C/H의 강점을 몇 가지 사용하기로 하고, '인생'과 '일'에 그것들을 부가하도록 신중히 노력을 더해갔다. 예를 들면, 정리 카드에 핵심문구를 써 붙인다.

첫장에는 '우선 생각하고 행동은 그 후에 한다', 다른 카드에는 각각 '멈춰 서 보자', '찬스는 두 번 찾아온다', '바로 대답할 필요는 없다.

4개의 인생 게임

사물은 달아나지 않는다' 라고 쓴다.

언제나 떠올릴 수 있도록 책상 위의 전화 옆 벽에다 이 카드를 붙여 두었다. 고객으로부터 전화가 걸려 와 프로젝트에 참가해 달라는 요청을 받으면, 즉시 대답하지 않고 '스탭들과 의논할 필요가 있습니다' 라고 말한다든가, '좀 더 생각할 시간을 주시면, 내일 다시 전화를 드리지요' 라는 식으로 대답한다. 놀랍게도, 대부분의 고객은 얼마간 대답이 보류된다는 것에 별로 신경 쓰지 않았다. 어쩌면 그들은 자신의 질문이 보다 신중하게 받아들여지고 있다고 여겼을지도 모른다. 그리고 난 상호간에 서로의 지향성을 높이는 법을 배웠고, 더 완전하게 더 체계적이 되는 법을 배웠다.

처음에는 지루한 작업처럼 느껴졌다. 마치 터벅터벅 걷고 있는 느낌이었다. 그들의 강점을 과다하게 사용하고 있는 건 아닌가 하고 느꼈다. 그러나 나의 새로운 행동은 지나치다는 말을 듣는 일도 없었고, 분석마비가 되지도 않았다. 1년이 걸려 자신의 강점을 확장하고 새로운 스타일과 새 강점을 몸에 익힐 수 있었다.

자신이 가장 꺼리는 지향의 강점을 늘리는 일은 '옵션' 이란 걸 기억해 두지 않으면 안 된다. 다행히도 자신과는 다른 지향성을 지닌 사람이 보완해 준다면, 큰 잘못이나 기회를 놓치는 일 없이 인생을 보낼 수 있다. 그러나 타인으로부터의 보완이 그리 손쉽게 얻을 수 있는 건 아니다. 자기 자신의 사각(死角)을 제거하고 완전한 시계(視界)에 도달할 수 있다면, 유사시에 큰 도움이 된다.

큰 실수가 생겼을 때, 자주 있는 실수가 얽혀 있는 경우가 있다. 실수는, 현실을 완전하게 보고 있지 않기 때문에 일어나는 것으로, 가장 꺼리는 지향성이 가져다 주는 것이다. 그리고 그 지향성으로부터의 물음에 대한 대답을 시야에서 놓친다. 사실은 이 대답이 현실의 전체를 다

제7장 선호하지 않는 게임

루는 데에 도움이 된다.

　네 개의 지향성에서 생겨나는 모든 질문에 대답하지 않으면, 문제점을 해결하고 중요한 의사결정을 하는 데에 필요한 정보는 완전하지 않으며, 부분적으로밖에 얻을 수 없게 되는 것이다.

사각(死角)으로부터 벗어나 치명적인 실수를 피한다

　자신이 가장 꺼리는 지향성/스타일에 근거한 관점이 결정적인 원인이 되는, 흔히 있는 실수가 있다. 문제점 해결이나 의사결정을 위한 완전하고 정확한 정보를 얻는 데는, 자신이 꺼리는 스타일을 보다 잘 이해하고 활용할 필요가 있다. 어떤 스타일의 사용이 너무 적고, 그 시점에서 사물을 보지 않았을 때 발생하는, 흔히 있는 실수들을 들어 보자.

'지지/포기(S/G)' 가 부족하다

　가장 꺼리는 지향성이 '지지/포기(S/G)' 인 경우 우리들은 공평함이라든지, 사람들이 올바르게 취급하고 있는지의 문제를 간과해 버릴 때가 있다. 의식하지 못하는 사이에, 혹은 반응하지 않는 사이에, 불공평하고 옳지 못한 일이 자신의 신변에서 일어나고 있을지도 모른다.

　개중에는, 자신은 숭고하고 이상적인 목적을 갖고 행동하는 인간은 아니라고 생각하는 사람도 있을 것이다. 그렇다면, 우수성과 최종적인 목표를 마음에 두고 있는 사람에게 영향을 주는 건 어려울 것이고, 최저한의 품질을 달성하는 것만으로 나중에 문제가 발생할 가능성도 있다. 또한 장래에 발생할 만한 모든 불안요소를 충분히 검토하지 않고 그 자리에서 즉흥적으로 결정을 하기 때문에 실수하기 쉬운 것인지도 모른다.

사각(死角)에서 벗어나 시야를 넓히기 위해서는, 일시적으로 S/G의 방식으로 자신의 상태를 볼 필요가 있다. 사각에서 S/G 스타일을 지닌 사람이 물어 볼만한 질문에 답해 보자.

사각(死角)테스트

* 어느 정도로 좋은 것이고, 누굴 위한 것입니까?
* 모든 것을 고려한 상태에서의 최상의 가능성입니까?
* 숭고한 목적이 있습니까?
* 공평하고 공정합니까?

'통제/쟁탈(C/T)' 이 부족하다

가장 꺼리는 지향성이 '통제/쟁탈(C/T)' 이라면, 실수할 가능성의 내용도 다르다. 몇 번이고 간과하고 마는 것은, 어떤 계획이 갖는 유익성, 자신의 입장을 호전시킬지도 모를 유익성이다. 이 지향성의 강점을 갖고 있는 사람들은, 더욱 자신의 입장을 강화시키기 위한 기회를 잡아 누구보다도 빠르게 주위를 살펴보며 민첩하게 행동한다.

그런데 C/T가 부족한 경우, 주도권을 가진 것은 중요하지 않다. 역할을 담당하기 위해 기회를 발견하는 일에 신속하다. 타인은 더욱 더 상황을 파악하고 지배력을 발휘하려 하고 있다. 때로는 한 가지의 활동에 너무 몰두하여 최종적인 결과를 놓쳐버리고, 문제나 위기에 대처하기 위해 재빨리 행동을 일으켜야 할 필요성을 간과하고 있을지도 모른다.

사각(死角)테스트

* 기회는 어떤 것입니까?

＊ 누가 책임자입니까?

＊ 결과로서 얻을 수 있는 것은 무엇이며, 마감은 언제입니까?

＊ 그 다음에는 무엇이 있습니까?

'신중/고집(C/H)' 이 부족하다

'신중/고집(C/H)' 이 가장 꺼리는 스타일이라면, 또 다른 실수를 할 가능성이 있다. 자주 있는 일은, 전에 분명히 했던 것인데 또 다시 차 타이어를 수리하느라 시간과 비용을 낭비하는 것이다. 대체로 사전확인 등을 하지 않는다.

또한 새로운 뭔가를 얻기 위해 낡은 것을 버리는 일의 효과, 혹은 오래된 방식 속에 아직 남아 있는 효과나 실제적 가치를 간과하기 쉽다. 인식하지 못하는 사이에, 새로운 일, 보다 좋은 일, 또는 보다 즐거운 일을 하고자 시간과 자금을 낭비한다.

경우에 따라서는 C/H에 충분한 주의를 기울이지 못해 실행을 어렵게 하는 구조를 못 보고 지나칠 것이다. 약간 귀찮은 일, 성가신 모순을 보지 못하고 다음과 같이 말한다.

"자질구레한 일로 귀찮게 하지 말아줘." 그러나 일이 잘 안 되어가는 상황에서는 자신의 실수를 발견하기란 어렵다. '빙산의 일각밖에 보이지 않을 때' 는, 모든 것을 간단히 해낼 수 있다고 생각하는 법이다.

C/H의 시점이 불충분하다는 것은, 한 발씩 앞으로 나아가는 것이 아니라, 양 발을 모아 뛰어들고 마는 것과 같다. 다루기 쉬운 표본을 바탕으로 일을 진행시키면서 잘못된 점이 없나 확인하는 것이 아니라, 우선 행동하고 나중에 생각하고, 실수가 발견되고 나서 다시 되돌아와 자신의 실수를 수정하게 된다.

4개의 인생 게임

사각(死角)테스트

* 누가, 무엇을, 어디서, 언제, 하고 있습니까?

* 이전에도 어딘가에서 한 적이 있습니까?

* 단계를 밟아 시도할 수 있습니까?

* 유효한 선택사항은 무엇입니까?

'적응/동조(A/D)' 가 부족하다

'적응/동조(A/D)' 스타일을 사용하지 않아 일어날 수 있는 치명적인 실수란, 유연성, 타협, 공감에 관련된 사항이다. 이 지향성의 도움이 없으면, 자신이 믿고 있는 것, 자신이 기대하는 것에 대해 강경한 입장을 표명하기 쉽고, 타협의 여유를 잃고 만다.

어쩌면 확신을 갖는 강건한 인물로 타인에게 보여질지도 모른다. 자신이 바라는 것을 충족시킬지는 몰라도, 그 대가로서 인간관계를 크게 손상시킬지도 모른다. 타인에게는, 인간관계보다도 목적달성에 중점을 두고 있다고 보여질 것이다. 이 사각을 갖고 있으면, 타인이 왜 갑자기 소원해지거나 경쟁적이 되거나 적대시하기 시작하는지를 이해할 수 없을지도 모른다.

훌륭한 생각을 갖고 있어도 타인에게 그것을 실행시키는 건 어려울 것이다. 때로는, 사람들이 지지해주지 않으므로 아이디어가 실행에까지 다다르지 못할지도 모른다. 실행력이 있는 사람을 계획의 초기단계에 참가시키기 위해 필요한 시간을, 아마도 간과할 것이다.

A/D가 없으면, 타인을 도와야겠다는 훌륭한 의도가 있다고 해도, 그들의 요구나 희망사항과 조화를 이루지 못하므로 빗나가게 될 것이다. 그 대신, 그들이 아닌 자신에게 있어 의의 있는 방법으로 도움을 제공하고 만다.

제7장 선호하지 않는 게임

상대방의 '감정'을 알기 위해 상대의 입장에 서려고는 하지 않는다.

사각(死角)테스트

* 다른 사람들은 그것에 대해 뭐라고 말하고 있습니까?
* 어떻게 하면 타인이 그걸 좋아하게 될까요?
* 만약 상대가 좋아하지 않는다면 변경할 수 있습니까?
* 그것으로 인해 우리들은 혼란스럽지 않습니까? 결속력은 높아집니까?

우리들의 대부분은 적어도 하나의 지향성을 보지 못한 채 지나치고 있다. 이는 선택사항을 줄여 자신의 인생을 얼마만큼 심플하게 하려고 하는지 잘 나타나 있다. 그러나 중요한 의사결정을 할 때, 장래를 계획할 때, 혹은 중요한 기획안을 제출할 때 등, 네 개 전부의 시점에서 본 360°의 시계(視界)를 갖고 있는 편이 좋다.

완전한 시야와 완전한 파워에는 각각의 지향성이 제공하는 정보가 필요하다. 360°의 완전한 시계는, 다른 누구의 판단보다도, 누구의 능력보다도 뛰어나다. 각각의 지향성은, 결과에 대해 각각 독자적인 공헌을 하는 것이다.

4개의 인생 게임

8

커뮤니케이션의 격차

──부적절한 Golden Rule

최상의 규칙(Golden Rule)의 하나인 '남이 나에게 해 주길 바라는 것처럼, 상대에게도 그렇게 해라'는, 영원한 도덕적 훈시이지만, 커뮤니케이션에서는 제대로 기능하지 못한다. 우리들은 어렸을 때부터 '남이 나에게 해 주길 바라는 것처럼, 상대에게도 그렇게 해라' 라는 가르침을 받아 왔지만, 모든 사람이 똑같은 일에 흥미가 있을 리도 없고, 모든 사람이 똑같이 대응해 주길 바라지도 않을 것이다. 상대는 반드시 내가 원하는 식으로 대해주길 바라지는 않는다는 것이다.

우리들은 상대가 원하는 방식으로 대하는 것이 좋다. 상대의 스타일의 시점에 서서 적절히 대응해야 하는 것이다.

실제로, golden rule(최상의 규칙)은 각각의 지향성에 맞춰 네 종류 존재한다. 어느 지향성도 각각의 스타일에 맞는 일관성 있는 대응이 필요하다. 그 스타일에 맞춘 커뮤니케이션 방식을 익히면, 상대는 더 수용적이 되어 우리에게 파장을 맞춰줄 것이다.

TV 앞에 있을 때를 상상해 보자. 당신은 7번 채널에서 좋아하는 프로그램이 시작되는 걸 기다리고 있다. 이미 시작할 시간인데 다른 프로가 방송되고 있다. 기다리다 못해 점차 초조해지기 시작한다. 도대체 몇 시에 시작하는 걸까? 그리고는 깨닫는다. 9번 채널에 맞춰져 있다는 걸. 당신은 채널을 돌려, 즐겨 보던 프로그램이 방송되고 있는 걸 보고 마음이 편안해진다.

어느 지향성에도, 각각의 친숙한 형태, 채널이 존재한다. 그러나 우리는 전달하고 싶은 내용을 자신의 채널로 보내고 있고, 타인도 당연히 자신과 같은 것에 흥미가 있다고 여긴다.

7번 채널의 프로그램을 보고 있는 사람에게는 9번 채널의 내용은 전해지지 않는다. 상대의 채널에 맞춰 커뮤니케이션을 행할 필요가 있는데, 그 채널은 네 종류, 즉 커뮤니케이션의 방법은 네 종류가 있는 것이다. 그림 8-1에서 나타내고 있다.

인생에 대한 네 개의 지향성은 각각의 기본적인 스타일을 갖고 있으며, 각각에 있어서 인생에 대한 기본적인 의문이 생겨난다. 눈앞에 있는 객관적인 사실에도 불구하고, 이 물음들은 우리의 마음을 지배한다. 상대가 그 물음에 대답해주면, 그 사람과는 파장이 맞는 것이다.

만약 커뮤니케이션 초기 단계에서 그 질문에 대한 회답을 얻을 수 없다면 긴장과 장애가 발생하고, 활기 없는 교류가 된다. 의사소통이 어려워진다. 이들 물음에 답하는 건, 보고 싶은 프로그램을 내보내는 것이다. 물음 자체는 간단하지만 매우 중요하다. 우리 인생의 어떤 장면에도 깊이 파고 들어 있는 사고방식인 것이다.

구체적인 물음은 다음과 같다.

4개의 인생 게임

커뮤니케이션에 있어서의 4개의 채널

각 스타일이 추구하는 정보

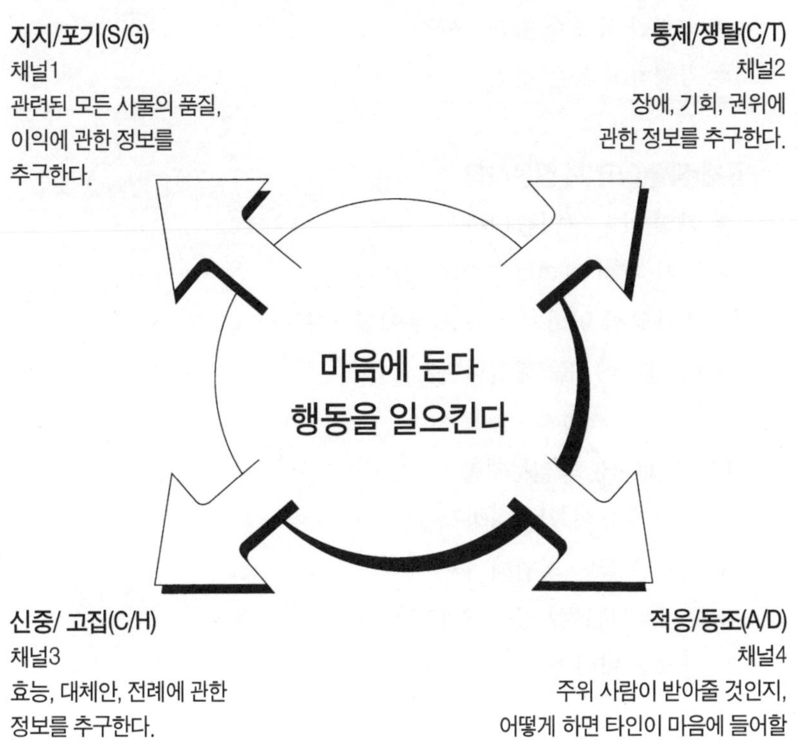

[그림 8-1] 커뮤니케이션에 있어서의 4개의 채널

제8장 커뮤니케이션의 격차

각각의 지향성이 제일 먼저 떠올리는 질문

'지지/포기(S/G)' 의 질문사항

* 얼마만큼 좋은 것이며, 누굴 위해 그렇게 되는 겁니까?
* 생각할 수 있는 것 중에서 최상의 것입니까?
* 숭고한 목표가 있습니까?
* 공평하고 옳은 것입니까?

'통제/쟁탈(C/T)' 의 질문사항

* 어떤 기회가 있습니까?
* 누가 지휘/관리하고 있습니까?
* 결과로서 얻어지는 것은 무엇입니까?
* 내 입장이 유리해집니까?

'신중/고집(C/H)' 의 질문사항

* 어떤 효능이 있습니까?
* 검증은 끝난 것입니까?
* 다른 대체안이 있습니까?
* 단계를 밟아 할 수 있습니까?

'적응/동조(A/D)' 의 질문사항

* 다른 사람은 그것에 대해 뭐라고 말하고 있습니까?
* 어떻게 하면 다른 사람에게 받아들여질 수 있습니까?
* 상황에 따라 변경할 수 있습니까?
* 모두에게 일체감이 생겨납니까?

커뮤니케이션이 이루어질 수 있는 채널에 맞추기 위해, 대답하지 않으면 안 되는 질문이다. 이들은, 각각의 지향성이 필요로 하는 정보이다. 상대의 지향성을 알아차리고, 그 사람이 어떤 인물이며 어떤 식의 대응을 좋아하는지 알고 있을 때에 이들 물음에 대한 답과 정보를 상대에게 주게 된다.

물음에 답하자마자 상대는 이쪽으로 주의를 기울인다. 또한 상대가 좋아하는 채널에 맞추고 있으므로, 보다 긴 파장이 일치하며 이쪽으로 집중된다.

만약 자신이 전하고자 하는 것이 간단하게 상대에게 전달된다면 그건 행운이다. 그 경우 상대는 자신과 닮아 있어 동일한 지향성을 갖고 있기 때문이다. 그러나 지향성은 네 종류가 있으므로, 같은 채널로 송수신 가능한 확률은 1/4이다. 네 번 중 세 번은 틀린 채널에 맞추고 있는 셈이 된다.

가정이나 직장의 멤버가 모두 같은 지향성을 지니고 있을 수도 있다. 실제로 있는 일이다. 그러나 대개의 경우, 자신의 인생에서 중요한 역할을 맡고 있는 인물은 자신과는 다른 지향성을 갖고 있기 마련이다.

그러므로 문제가 발생하는 것이다. 나는 좋아하는 프로그램을 볼 수 있을 거라고 생각하며 기다리고 있는데, 상대는 자기가 좋아하는 프로그램을 보기만 할 뿐, 채널을 바꿔주지 않으므로 초조해지는 것이다. 인간관계에 관한 문제는 상대의 채널에 맞추기만 하면 간단한 것이 된다. 다이얼을 돌리고 채널을 바꾸기만 하면 되는 이런 간단한 일을 알아차리지 못할 뿐이다!

"무리야! 저 사람이 날 이해할 방법 같은 건 없어. 몇 년이나 시도하고 있지만, 잘 안 돼."라고 주장하는 데 시간과 에너지를 소비하고 있다. 그러나 실은 틀린 채널에 고정되어 있는 것뿐이란 걸 안다면 얼마

제8장 커뮤니케이션의 격차

나 마음이 편할까! '동일한 파장' 이라고는 생각할 수 없는 사람과도 서로를 이해할 수가 있는 것이다.

자신이 바라는 방식으로 커뮤니케이션을 취하지 않는 사람을 떠올려 보자. 그 사람이 좋아하는 지향성은 뭘까? 지금까지 그가 중요하다고 생각하고 있는 질문에 답해왔는가? 그 사람에게 그가 원하는 방식으로 대하고 있나? 아니면 자신이 좋아하는 방식으로 대하고 있나?

그 사람이 가장 선호하고 있는 지향성이, 자신이 가장 꺼리는 지향성이라고 해도 놀라서는 안 된다. 그건 흔히 있는 일이다.

그 사람과의 교제를 즐기지 않아도 이상할 건 없다. 당신은 다른 채널에 맞추고 있기 때문이다! 만약 그 사람과 같은 지향성을 좋아한다면, 이미 오래 전에 상대가 좋아하는 방식대로 하고 있었을 거다. 그러나 당신은 그걸 좋아하지 않는 것이다. 실제로 어떻게 하면 좋아질 수 있는 걸까? 왜 우수하다는 것이, 행동이, 이성(理性)이, 조화가 그에게 있어서 그렇게 중요한 걸까? 누가 그런 것에 신경을 쓸까라고 생각하겠지만, 그들은 그렇다.

만일 자신이 전혀 다른 채널을 좋아하는 경우는, 어떻게 하면 될까? 우선, 커뮤니케이션을 취할 때, 자신이 상대방처럼 될 필요는 없다는 것을 기억해 두자. 중요한 인물과의 커뮤니케이션을 능숙하게 행하기 위해서 자신이 변할 필요는 없다. 필요한 건, 아주 적은 시간을 쪼개, 상대가 물어 볼만한 질문과 그 대답을 생각해 보는 것이다.

해야 할 일은 간단해도, 실행하는 데는 노력이 필요하다. 저절로 되는 건 아니다. 누구라도 함께 일하는 사람, 함께 생활하는 사람에 대해, 자신에게 가까이 다가와 주지 않을까, 자신의 취향을 알아 주지 않을까, 자신이 바라는 방식으로 일을 하거나 커뮤니케이션을 취해 주지 않을까 하는 기대를 하기 마련이다. 만약 상대가 자신과 많이 비슷하다

4개의 인생 게임

면, 즉 이상적이거나, 더 책임감이 있거나, 더 체계적이거나, 더 전략적이거나 하면, 커뮤니케이션은 매우 간단해질 것이다.

자신에게 소중한 사람이 중요하다고 여기는 질문에 대답하고, 커뮤니케이션을 정리함으로써, 종래의 방식에 새로운 선택사항을 추가할 수 있다. 그건 박자를 바꾸거나, 주의를 끌거나, 흥미를 갖게 하거나, 행동으로 옮기게 할 수 있는, 지금까지와는 다른 소리나 모습을 하고 있는 것이다.

급여를 올려달라는 말을 꺼내는 방법

예를 들어, 상사에게 급여를 올려달라고 요청하는 장면을 생각해 보자. 어느 날 상사에게 말을 꺼내 보지만 전혀 대답이 없다. 실은 제안을 알아채지도 못하는 눈치다. 결국 따로 자리를 마련하기 위해 시간을 좀 내달라고 부탁했다. 자신의 지향성에 따라, 급여가 인상되어야 마땅하다는 내용을 호소하게 된다.

상사의 스타일이 '통제/쟁탈(C/T)' 인 경우

당신이 '지지/포기(S/G)' 의 지향성을 갖고 있다고 한다면, 아마도 자신이 얼마만큼 열심히 일했는지, 얼마만큼의 시간을 들이고 있는지, 어느 정도 승급이 필요한지 설명할 것이다. 주위 사람들이 하고 있는 일과의 관계에서 보더라도, 그것이 얼마나 정당한지를 역설할지도 모른다. 그러나 상사가 '통제/쟁탈(C/T)' 의 지향성을 가졌다면, 요청을 들어주지 않을 것이다. 왜냐하면 당신의 방식은 상사의 마음을 움직일 수 없기 때문이다.

하지만 만약 상사의 C/T채널에 맞추었더라면, 당신은 상사가 알고 싶어하는 다른 정보를 강조할 것이다. 이런 식으로 말할지도 모른다. "과시할 생각은 없습니다만, 올해 상반기에 제가 해 온 일을 봐 주십시오." 자신이 낸 성과, 자신이 한 일을 열거하며 이렇게 말한다. "앞으로 하반기의 계획을 들어 보십시오. 완전히 새로운 기회를 발견했습니다. 지수(指數)는 반드시 올라갈 겁니다. 우리들은 이 프로그램을 실행하는 최초의 기업이 되겠지요. 타 기업과 차이를 둘 수 있습니다."

아마도 상사는 앞으로 몸을 기울이며, 한 마디 한 마디에 귀를 기울일 것이다. 이렇게 생각할지도 모른다.

'올려 주는 게 좋을지도 몰라. 이 희망사항을 물거품으로 만들고 싶진 않으니까. 분발한다는 건 바로 이런 거야. 이거야말로 일의 원동력일 수 있어.'

상사의 스타일이 '신중/고집(C/H)' 인 경우

그러나 당신이 '통제/쟁탈(C/T)' 의 지향성을 갖고 있고, 상사는 '신중/고집(C/H)' 이라고 가정하자. C/T의 스타일인 당신은 자신이 한 것에 대해서의 흥분과 열정으로 가득 차 있으며 그것을 전하려고 한다. 실적을 장래의 계획과 연관지어, 타사보다 먼저 우리 회사의 우위성을 구축할 기회를 어떻게 손에 넣을지에 대해 열변을 토한다.

하지만, C/H의 지향성을 가진 상사는, 이렇게 말할지도 모른다. "어느 것이나 다 굉장해, 하지만 최고가 되는 것이 과연 대단한 일일까? '천사도 겁이 나서 가까이 가지 않는 곳에 바보는 뛰어든다' 라는 말과 같은 거지. 자네 얘길 실행하려면 어설픈 열정으론 안 될 것 같군. 한 발짝씩 나아가서, 일어나고 있는 일들을 직접 보고, 유사시의 선택사항을 준비할 필요가 있네. 급여에 관해서는, 자네의 새로운 제안을 시도

4개의 인생 게임

해 보고, 기존의 것에 어떤 영향을 끼칠까를 검토한 뒤에 이야기하는
게 어떤가?'

그렇다면 C/H의 지향성을 가진 상사의 주의를 끄는 표현이란 어떤
것일까? "타사와 비교한 급여 격차에 관해 사전조사를 하여 확인했습
니다. 저와 같은 임원은 이 정도의 급여를 받고 있습니다. 이것이 최고
액수이고, 다음이 평균액수, 그리고 최저액수입니다. 물론 임원명은 조
직에 따라 다릅니다만, 맡고 있는 책임의 정도로 비교해 봤습니다."

"제 급여는 평균치보다 조금 아래입니다. 그러나 결론을 서두르기
전에, 저의 지금까지의 실적이 이대로 계속 유지될지 어떨지 고려해주
실 필요가 있습니다. 이것은 기존의 제품이며, 최대한의 실적을 올리기
위해 제가 고안한 계획입니다. 마이너스적인 영향에 관해서도 검토하
고 있습니다. 그리고 이것은, 같은 식으로 시도해 보고 싶은 그밖의 제
안입니다만, 타사의 시행프로그램을 검토할 때까지는 진행시킬 생각
이 없습니다."

아마도 상사는 이렇게 생각할 것이다. '이 사람이야말로 우리가 찾
고 있는 인재야. 신중하고, 사물 전체에 관해 생각할 줄 알고, 앞일을
서두르지 않아. 이런 인재, 안정감 있고 도리를 알고 있는 사람을 놓치
는 실수는 저지르고 싶지 않아.'

상사의 스타일이 '지지/포기(S/G)' 인 경우

또 다른 가능성으로서, 당신은 '적응/동조(A/D)'를 선호하고 있지
만, 상사는 '지지/포기(S/G)'를 선호하고 있는 경우도 있다. 당신은 얼
굴 가득 미소를 띠며 상사의 방으로 들어간다. 상사는 서류로 가득 찬
케이스를 앞으로 밀어내며, 당신에게 바쁘다는 걸 어필한다. A/D의 방
식이라면 물론 그다지 심각하게 받아들이고 싶지 않으므로, 경쾌한 접

근을 시도한다.

"만약 이것 말고도 쌓여 있는 서류가 있다면, 폐품 처리를 하지 않으면 안되겠군요." 상사는 대답한다. "진지하게 임해주게나. 할 일이 산더미처럼 쌓여 있다구."

"물론 알고 있습니다. 업무량을 줄이기 위해 제가 도울 일은 없나요?" 거들 일에 대해 간단히 얘기를 주고받은 뒤, 당신은 급여 건에 대해 말을 꺼내도 될 좋은 타이밍이라고 느낀다.

"아시다시피, 제가 도울 수 있는 일 중의 하나로 급여 체크가 있습니다. 만일 제가 함께 하길 바라신다면, 제 경험을 제공하겠습니다. 종업원이 뭘 기대하고 있는지, 어떻게 하면 만족할지 알고 있습니다." 그리고 웃으면서 덧붙인다. "제 자신에 관해서도, 편견 없는 의견을 말할 수 있구요."

상사는 몸부림치며 대답한다. "그건 필요 없어. 이미 표준화되어 있네. 나는 공평한 급여계획을 실행해왔고, 모두 공평하게 대하고 있어."

이는 커뮤니케이션이 순조롭지 않은 케이스로, 서로 얘기를 나눌 기회는 찾아볼 수 없다. 그러나 상사의 마음을 열게 하고 싶다면, S/G 채널로 커뮤니케이션을 하도록 하자. 상사가 듣고 싶어하는 정보를 강조하는 방법이 있다. 다음과 같이 말해 본다. "함께 일하고 있는 사람들은 모두 110%의 힘을 쏟고 있습니다. 그들은 지금까지 함께 일해온 중에서 가장 열심히 일한 그룹입니다. 이 이상으로 헌신적이고 충성심을 가진 사람은 찾기 힘들겠지요. 그리고 뻔뻔스럽게 들리겠지만, 제 자신도 거기에 포함되어 있습니다. 우리들이 전력을 다해 지켜온 높은 기준이 그걸 증명하고 있습니다. 우수성을 추구하는 데에, 결코 지름길은 택하지 않습니다."

상사는 이렇게 대답할 것이다. "확실히, 그들은 업무가 많아도 좀처

4개의 인생 게임

럼 불평을 하지 않아. 일을 정확히 하고 마무리도 매끄럽지. 재촉당해도, 자기 형편은 생각지 않고 열심히 일할 뿐이지. 그 노력에 보답하는 것이야말로 공정한 일일지 몰라. 게다가 나는 당신이 그룹을 존경하고, 좋은 평가를 하고 있는 점이 마음에 들었네. 당신은 훌륭한 사람이야."

상사의 스타일이 '적응/동조(A/D)' 인 경우

'적응/동조(A/D)' 의 지향성을 가진 상사의 경우는, 또 다른 정보가 필요하다. 당신이 '신중/고집(C/H)' 을 선호하는 경우, 급여 인상을 요청하는 표현은 다음과 같이 된다. "저는 프로젝트를 구성해 왔습니다만, 모든 게 순조롭게 진행되고 있습니다. '모든 사물에는 마땅히 있어야 할 장소가 존재하며, 모든 사물은 그에 적합한 장소에 존재한다!' 이것은 제가 항상 하는 말입니다. 모든 것은 시스템화되어 있다는 말입니다. 빈틈없이 정리되어 있고, 순조롭게 진척되고 있으며, 어떤 새로운 프로그램이라도 실적이 없는 일에는 열중하지 않습니다. 계획을 엉망으로 만들지도 모르니까요. 우리들은 기존의 것을 최대한 활용하고 있습니다. 낭비는 거의 없고, 갖고 있는 것을 효율적으로 이용했습니다. 객관적으로 볼 때 적합한 보수를 받아야 마땅하다고 봅니다."

A/D의 지향성에서는, 상사는 이 시점에서 이렇게 생각할지 모른다. '끈이나 종이까지도 절약을 했을까? 그들이 틀에 박힌 일을 하는 것을 관두고 새로운 것을 시도해 봤을까? 언제나 너무 고지식해. 인간보다, 지나치게 공을 들인 계획이나 시스템 쪽에 더 관심이 높은 것 같군.'

이 상사와 파장을 맞추려면 A/D의 물음에 답할 필요가 있다. 그러면 급여 인상 요청에 대한 대사는 다음과 같이 될지도 모른다. "우리들의 업무는 잘 되어 왔습니다. 다른 그룹과의 프로젝트는 원활하게 진행되고 있습니다. 잘 조직화되어 있기 때문에, 오랜 기간 동안 치명적인 실

제8장 커뮤니케이션의 격차

수는 일어나지 않고 있습니다. 실제로 우리 그룹과 타 그룹간의 혼란을 줄이기 위해 애써왔습니다. 그들이 비슷한 시스템의 도입을 도와주지 않겠느냐고 부탁해 왔을 때는 기뻤습니다. 결과적으로, 그룹간의 갈등은 사실상 존재하지 않습니다. 또 다른 그룹이, 이 시스템을 맘에 들어하는 또 하나의 이유는, 시간을 절약할 수 있다는 것입니다. 그들은 새 제안을 시도해 보고, 결속하고, 토의하고, 파장이 일지 않도록 하기 위해 시간을 확보할 수 있겠지요."

보다 긍정적인 대답으로 상사는 이렇게 말할지도 모른다. "그들이 마음에 들어 해서 다행이네. 불필요한 논의만큼이나 시간을 헛되이 하는 건 없으니까. 인생은 짧으니까 말이야. 원활히 끝나서 기쁘네. 자네는 독특한 영향력을 갖고 있군. 자네의 조직화 능력이 결속력을 높였던 거지. 적합한 인물이 시스템에 대해 이해해 주고 있다는 걸 알겠네. 내가 하고 싶은 말은, 많은 시간과 비용을 절약하는 거라면 자네는 그만큼의 보수를 받을만한 자격이 있다는 걸세."

이들은 모두 상대가 선호하는 채널에 맞춰 커뮤니케이션을 행한 전형적인 예이다. 자기 자신을 변화시키거나 다른 인물이 될 필요는 없다는 걸 인식하길 바란다. 그보다도 우리들은 단지 상황에 관련된 정보를 상대의 지향성에 맞춰 전달하는 것이 필요한 것이다.

상대의 지향성에 대한 대응의 예

다음의 경우는 각각의 지향성의 커뮤니케이션 방법을 나타내고 있다. 이들의 방법은 그 지향성을 가진 사람이 제일 먼저 떠올리는 물음

4개의 인생 게임

에 입각하여, 서로 다른 채널을 선호하는 상대가 자신이 전달하고자 하는 것을 이해할 수 있는 방법을 제시하고 있다.

'지지/포기(S/G)' 의 경우

* 상대가 꼭 들어주어야 할 사항을 말하고, 자신의 제안이 얼마나 공평하고 이상적인가를 강조한다.
* 상대의 신념이나, 우수성의 기준에 적합하다는 걸 제시한다.
* 올바르고 검토할 가치가 있고, 최선의 가능성을 가진 해결책임을 시사한다.

'통제/쟁탈(C/T)' 의 경우

* 요점을 신속하고 직접적으로 열의와 자신을 갖고 말한다.
* 도전할 의사가 있다는 것과, 행동과 성과가 가져다 줄 기회에 대해 말한다.
* 누가 역할을 맡게 될지, 지금 하지 않으면 어떤 식으로 기회를 잃을 가능성이 있는지 말한다.

'신중/고집(C/H)' 의 경우

* 요점을 논리적으로 체계를 세워서, 사실에 근거한 방법으로 표현한다.
* 가까운 예를 사용하여, 새로운 것과 낡은 것과의 관련에 대해 설명한다.
* 과거의 실적, 철저하게 검증된 것, 그리고 기존의 것을 활용하는 데에 행동이 필요하다는 것을, 전부 문장으로 정리한다.

'적응/동조(A/D)'의 경우

＊ 매력적이고 경쾌한 접근방법을 사용한다.

＊ 결정을 재촉하기 전에 사교적인 시간을 갖는다. 유연성과 타협의 여지를 보인다.

＊ 자신은 이미 시도해 본 것, 이 활동은 관련된 대부분의 사람이 찬성한다는 것을 나타낸다.

휴가 계획을 세우는 방법

자신의 인생에 있어 중요한 역할을 맡고 있는 사람과 함께 휴가 계획을 세운다고 가정해 보자.

당신은 꼭 여행을 가고 싶다고 생각하고 있다. 지금껏 바쁘게 일만 해왔기 때문에 휴식이 필요하다. 그러나 상대방은 내키지 않는 눈치는 아니더라도, 아직 여행을 떠나기로 결정은 하지 않고 있다. 상대를 설득하기 위해서는 어떻게 하면 될까? 상대가 S/G라면, C/T라면, C/H라면, A/D라면, 어떻게 말하는 게 좋을까?

'지지/포기(S/G)'

영향을 주려고 생각하는 상대가 S/G를 선호하는 경우의 어프로치를 생각해 보자. 여기서 중요한 점은, 휴가의 필요성을 강조하고 도움을 청하여, 당신이 바라고 있는 것은 상대의 신념에도 부합되며 가장 이상적인 방법이란 걸 전하는 것이다.

이런 식으로 말해 보는 건 어떨까? "요즘 정말로 일이 힘들었으니까 기분전환이 필요해. 휴가에서 돌아오면 더 잘 할 수 있을 거야. 정말 나는 업무를 희생시키고 싶지도 않고, 누구도 실망시키고 싶지 않아. 그들은 나를 의지하고 있으니까."

"몇 가지 여행 팜플렛이 있는데 장소 선택을 도와줬으면 해. 아직 관광지화되지 않은 곳을 한 군데 체크해 봤어. 그곳 스탭들은 손님의 건강에 신경을 많이 쓰고 있는 것 같아."

'통제/쟁탈(C/T)'

한편, 납득시킬 상대가 C/T인 경우, 다음의 접근방법이 보다 효과적이다. 간단하게, 직접적으로, 열정적으로 활동의 기회를 말하고, 어떻게 하면 도전할 수 있는지를 설명하는 것이다. 우선 상대에게 선택권을 부여한다. 이런 식이다. "천천히 휴가계획을 세울 시간이 없다는 걸 아니까, 미리 여행사를 돌아보고 왔어. 두 군데, 재미있는 장소를 발견했어. 이걸 보면 내용이 가득 실려 있어. 절대로 따분하지 않을 거야."

"우리 멤버 중에 아무도 여기에 가 본 적이 없을 거야. 양쪽 다 질릴 정도로 볼거리가 많은 것 같아. 다른 시즌이면 비수기 스페셜도 있으니까 가는 시기를 좀 늦추는 방법도 있지만, 지금만큼 좋은 시기도 없지 않을까?"

'신중/고집(C/H)'

상대가 C/H를 선호하고 있다고 한다면, 강조해야 할 점은 새로운 것을 기존의 것과 접목시키고, 계획은 논리적이며 위험도가 낮다는 걸, 사실에 근거하여 객관적으로 체계적으로 제시해야 한다는 것이다. 이렇게 말을 꺼내보자. "작년 휴가 때 갔던 곳 아주 맘에 들어 했었지? 비슷한 곳을 두 군데 물색했는데, 둘 다 작년보다 좋은 점이 몇 가지 있어. 여행사에서, 레크레이션 시설, 방 구조, 식사 내용, 교통편 등의 리

제8장 커뮤니케이션의 격차

스트를 받았으니까, 가 보고 실망하는 일은 없을 거야. 받은 자료는 파일에 철해 놓았어."

'적응/동조(A/D)'

A/D의 인물에 대해서는, 다음에 초점을 맞추자. 가능한 한 빨리 자신의 의견을 말하고, 즐길 수 있다는 점이나 기꺼이 유연한 대응을 할 거라는 점을 전달하여, 후보지의 평판을 강조한다.

"이곳이 굉장히 맘에 들었어. 최고로 즐길 수 있을 거야. 물론, 다른 팜플렛도 가져 왔어. 더 흥미를 끄는 데가 있을지도 모르고, 나도 그게 맘에 드는 것 같아. 어디에 가더라도 난 여행을 고대하고 있어."

"직원 가운데 몇 명이 거기에 갔다 온 적이 있는데, 지금 유행하는 장소라고 말했어. 유명인들도 몰래 다녀간대. 그곳에 가면 새로운 친구가 생길 것 같아."

아이를 대하는 방법

그럼, LIFO의 golden rule(최상의 규칙)인 "상대에게는, 상대가 원하는 방식으로 대한다"를, 부모와 자녀와의 관계에 응용해 보자. 아이가 숙제보다 놀기를 좋아하고, TV를 보고 싶어하는 전형적인 문제를 예로 들어본다.

'지지/포기(S/G)'

예를 들어, 초등학교 5학년인 자녀가 S/G를 선호한다면, 부모의 접근 방식은 이런 식이 된다.

"TV를 보고 싶은 건 알겠는데, 숙제 못해서 쩔쩔 맬 걸 생각하면 엄마는 걱정이 앞선단다. 좋은 성적을 얻고 싶다고 말했었는데, 오늘 이 이상 TV를 본다면 전력을 다할 수 있겠니? 다음 학기 내용은 더 어려워질 테니까, 오늘 공부하는 건 아주 중요해. 공부를 따라가려면 모두들 노력하지 않으면 안 되는 거야. 숙제를 하다가 모르는 게 있으면 나중에 엄마가 같이 봐 줄게."

'통제/쟁탈(C/T)'

주요 지향성이 C/T인 자녀에 대한 커뮤니케이션은 이렇게 된다.

"학교의 새 프로그램은 어려워질 거라고 들었어. 그래도 넌 도전하는 거 좋아하지? 같은 학년에서 상위권에 들고 싶으면, 변화에 대응해 나가야 돼. 내게 설명을 좀 해 줄래? 남을 가르침으로써 더 잘 이해할 수 있거든. 그게 제일 빠른 학습방법이야. 한 발 앞으로 전진할 수 있으니까. 숙제를 할 거라면, 엄마는 지금 시간이 있는데……."

'신중/고집(C/H)'

C/H의 지향성을 선호하는 자녀에의 메시지는 다음을 강조한다. "새로운 프로그램은 정말 유익하단다. 매우 논리적이라서 정확해. 단계를 밟아가며 배울 수가 있으니까 한꺼번에 할 필요는 없어. 작년에 공부한 것과도 연결이 되고 말이야. 네가 지금 하는 공부는 내년의 토대가 될 거야. 지금 숙제를 시작하면 나중에 초조해 하지 않아도 되겠지! 식사 후에 여유를 갖고 끝낼 수 있어. 비록 끝나지 않았다고 하더라도, 내일 아침식사 전에 마저 하면 되니까."

제8장 커뮤니케이션의 격차

자녀가 선호하는 지향성이 A/D인 경우, 이렇게 시도해 보자. "학교의 새 프로그램은 아주 매력이 있는데! 맘에 들어. 어젯밤에 학교 선생님이 TV에서 인터뷰하는 장면을 봤는데, 선생님들도 학부모들도 내년에는 다른 많은 학교에도 이 프로그램을 확산시키고 싶어한다고 말씀하셨어. 아마 프로그램의 모델이 될 만한 학생을 선발할 거야. 너도 시도해 볼 수 있잖아. TV에 나오는 건 굉장하다고 생각하지 않니? 그런 것까지 안 하더라도 프로그램은 시작될 거고, 친구들도 모두 참가하겠지. 더 많이 배운다는 건 즐거운 일이야. 그래, 엄마랑 같이 숙제 점검을 하자꾸나."

* * *

이 시점에서, 자신에게 이런 질문을 던지고 싶어질지도 모른다. '난 도대체 어떤 인간일까? 카멜레온인가? 이 어프로치에서 저 어프로치로 자유자재로 변할 수 있으니까. 나는 나다. 내가 자연스럽다고 생각하는 방법으로는 상대가 메시지를 받아들이지 않는다면, 커뮤니케이션을 취하려고 해서는 안 된다.' 그 반응은 이해가 가지만, 그걸로는 사람들에게 의사를 전달하는 데 도움이 되지 않는다. 지금까지 든 예를 보면, 아마도 거의 대부분의 지향성과 커뮤니케이션을 취하는 데 큰 문제는 없다는 것을 알 수 있다. 이해할 수 없는 것처럼 보이는 건 없으며 실행 가능한 것들뿐이다. 어째서 특정한 지향성을 가진 삶의 방식을 원하는 인간이 존재하는지 알 수 없다면, 또한 접근 과정에서 등장하는 말을 사용하는 데에 불쾌감을 느낀다면, 그건 틀림없이 당신이 가장 꺼리는 지향성일 것이다.

그러한 반응은 흔히 있는 일이다. 즉 자신이 꺼리는 지향성을 1위로 꼽은 사람과 함께 일을 하거나, 생활을 하거나, 혹은 의사소통을 하려고 할 때는 필연적으로 곤란을 겪게 마련이다. 그러나 만약 그들의 지향성을 평가하는 것을 배우고, 상대가 자신의 생각을 보완해 줄 수 있다는 걸 터득한다면, 당신은 자신의 생활을 크게 변화시킬 수 있다.

자신과 다른 사람들은 완전히 새로운 관점을 접할 수 있게 하고 새롭게 사고할 수 있도록 하는데, 그것들은 자신에게 있어 중요한 요소가 될 수 있다. 그들은 당신의 인생을, 계획을, 의사결정을 보완해 준다. 서로 다른 지향성을 가진 사람들은, 사각(死角)을 메워 치명적인 실수를 피하게 하며, 시야의 바깥쪽에 있던 기회를 찾아낼 수 있는 시점을 부여해 준다. 사이가 틀어지는 일 없이 자신과 다른 점을 평가할 수 있다면, 그리고 그 다른 점을 적극적으로 활용할 수 있다면, 이러한 사람들은 과잉사용을 억제하게 하여 적절히 사용토록 인도할 것이다.

정리해 보면, 상대를 자신이 자연스럽다고 여기는 방식으로 접하는 것은, 상대를 이해하고 상대의 행동을 유발하려는 경우에는 도움이 안 될 때도 있다. 우리들은 상대가 자신에게 하듯이 상대를 대할 수는 없는 것이다. 상대가 원하는 방법으로 대해야 한다. 왜냐하면, 지향성에는 네 가지가 있고, 사람들이 대해주길 원하는 방식에도 네 가지가 있으며, golden rule에도 네 가지가 있기 때문이다. 어느 지향성에게도 의사를 전달하고, 받아들여지고, 행동을 환기시키기 위해서는, 각각 특별한 접근 방법이 있다.

자신의 인생에 있어 중요한 역할을 맡고 있는 인물에 대해 안정감을 느끼지 못한다고 한다면, 이들 접근 방법의 선택사항을 몇 가지 시도해 보자. 신선한 경험을 할 수 있고, 또 똑같은 일을 해서 똑같은 반응을 얻는 건 아니라는 걸 알게 될 것이다. 막다른 골목에 들어섰다고 느낄

제8장 커뮤니케이션의 격차

때는, 새로운 선택사항이 상당히 낙관적인 기분과 개인적인 파워를 부여해 줄 것이다.

더욱 간단히 접근방법의 선택사항을 발견할 수 있도록, 중요한 인물을 이해하기 위한 방법을 정리해 보았다.

중요한 인물을 이해하는 방법

'지지/포기(S/G)' 에의 대응방법
* 도리나 신념을 어필한다
* 자기 계발을 강조한다
* 원조를 요청한다
* 관심을 표명한다
* 우수성을 어필한다

'통제/쟁탈(C/T)' 에의 대응방법
* 행동을 강조한다
* 기회를 부여한다
* 주도권을 인정한다
* 대등한 입장에서 이야기를 나눈다
* 도전할 기회를 부여한다

'신중/고집(C/H)' 에의 대응방법
* 분석적, 체계적이 된다
* 새로운 것을 기존의 것에 접목한다

4개의 인생 게임

* 논리와 구조화를 이용한다

* 위험도가 낮은 안건을 제시한다

* 체계를 세우고 준비한다

'적응/동조(A/D)' 에의 대응방법

* 자신의 취향을 표현한다

* 친근감 있고 딱딱하지 않게 한다

* 유연성을 나타낸다

* 유머감각을 보인다

* 찬성하고 있다는 마음을 표현한다

9
성공하기 위한 전략

인생이란 만화경과도 같은 것이다. 우리들은 끊임없이 변화하는 유형 속에 몸을 담고 있음에도 불구하고, 자칫하면 자신이 가장 선호하는 유형에 고정되려는 경향이 있다. 자신이 처해 있는 현실을, 그리고 자신의 인생을 조절하고 정리, 체계화하려는 것이다.

틀을 찾고, 형식을 찾고, 인간의 경험을 조합하고 구조화해 줄 무언가를 찾고, 인생 여정에 있어 길안내를 해 줄 무언가를 찾는다.

조합하고 구조화하는 가운데에는 정치적인 것이나 지역, 경제에 관한 것도 있지만, 내가 말하는 조합/구조화란 인간에 관한 것이다. 가정이나 직장에 있어서 자신의 강점과 개인적인 에너지를 최대한 살리기 위한 가이드라인을 제공해 주는 것은, 인간에 관한 조합/구조화인 것이다. 그 조합/구조화는 여섯 개의 어프로치로 성립되어 있다.

확인, 분석, 완화, 보완, 확장, 응용. 이것이 성공하기 위한 접근 방법들이다. 이들은 모두 이미 앞에서 다루었다. 여기서는 응용하기 쉬운 내용들을 정리해 보자.

4개의 인생 게임

확 인

　　아무리 출세를 해도, 아무리 오래 살아도, 자신이 누구이며 자신의 특징이 무엇인가를 확인할 필요가 있다. 자기 자신을 확인하는 일이 가지는 어려움 중 하나는, 그것을 위한 공통언어가 없다는 것이다.

　　키가 크다, 작다, 그리고 얼굴이 둥글다, 눈이 갈색이다 등과 같이 자신의 신체적 특징을 표현하는 건 간단하다. 자신을 표현하는 또 하나의 방법은 직업이다. "당신은 누구입니까?"라는 질문을 받으면 이렇게 대답할 것이다. "난 현장감독입니다, 교사입니다, 배관공입니다, 회계사입니다, 조종사입니다, 웨이트레스입니다"라고. 다음과 같이 대답하는 사람은 좀처럼 없을 것이다. "난 사물을 재빨리 처리하고 싶어하는 인간으로, 한 번에 하나의 일에 집중하기보다는 여러 가지 흥미 있는 일을 동시에 하고 싶어하는 인간입니다"라고.

　　사람은 자기 자신을 행동이나 강점으로 정의하지는 않으며, 직업이나 남, 여, 아버지, 딸, 남편, 여동생, 10대의 젊은이 등, '역할'로 표현한다. 그리고 이러한 라벨로부터 여러 가지 연상이나 억측, 신념이나 고정관념이 생겨나는 것이다.

　　만일 어떤 인물이 개인적으로 심각한 문제를 안고 있다면, 전문가의 도움을 받아, 자신이 안고 있는 문제의 라벨을 붙일 것이다. "나는 알코올중독입니다, 우울증입니다, 망상증입니다, 천식이 있습니다, 야뇨증입니다." 비정상적인 것에 대한 말과 라벨은 풍부하다. 그러나 정상적인 것을 정의하고, 자기 자신을 확인할 만한 라벨이나 말은 어디에 있는 것일까?

　　LIFO모델에는, 우리가 필요로 하는 확인을 얻기 위한 분류나 정의 설정에 관한 말이 있다. 그것도 정상적인 영향력을 가진 단어나 라벨이다. 인생에 있어서의 네 개의 지향성 ― 지지/포기(S/G), 통제/쟁탈(C/T), 신중/고집(C/H), 적응/동조(A/D)는, 우리들은 어떤 존재이며 무엇을 중요시하고 있는지를 공유하거나 비교할 수 있는 방법을 제공해 준다. 이것은 개인의 정체성(identity)를 확립하고 강화하는 데 도움이 된다. 우리들의 지향성, 게임플랜, 스타일, 그리고 강점이라는 표현의 방식은, 우리의 만족도나 커뮤니케이션, 생산성을 설명하는 데에 효과적이다.

LIFO모델이란, 정상적인 것을 나타내는 말이다. 정상적인 사람들을 분류하는 시스템인 것이다.

지금까지 우리들 대부분은 자신의 어떤 점이 나쁜가라는 부정적인 표현으로 자기 자신을 확인하고 라벨을 붙여왔다. 이것은 부정적인 감정이나, 자신이 무능한 건 아닐까 하는 생각을 불러일으킨다. '바보, 멍청이, 얼간이, 얼뜨기, 겁쟁이, 쓰레기, 허풍쟁이' 등이다. 우리가 필요로 하는 것은, '긍정적인 평가' 이며, 우리들 스스로에게 자신의 강점이나 가치 있는 면을 상기시켜 주는 것이다. 그러나 이것을 찾는 건 쉬운 일이 아니다.

집단역학(group dynamic)의 초기에, 우리들은 '아낌 없는 찬사 보내기(strength bombardment)' 라고 불리는 그룹 실습을 실시하고 있었다. 그룹 멤버는 교대로 다른 멤버의 강점이나 장점에 대해, 긍정적인 말로 칭찬을 아끼지 않는다. 기본적인 규칙은 부정적(negative)인 표현은 쓰지 않는다는 것뿐이었다.

어떤 인물의 강점에 관해서만 발언한다는 것은 멤버들에게는 어려운 일이었다. 마찬가지로 칭찬받는 입장에서도 긍정적인 평가를 액면 그대로 받아들이기란 어려웠다. 그걸 부정하거나 겸손해하기도 했다. 또한 칭찬에 대해 웃으면서 부끄러워했다. 하지만 잠시 후, 실습에 익숙해지고 있었다.

긍정적인 평가에 젖어 전면적인 승인을 받아들이게 되면, 그 사람은 점차 자신의 취약점에 관해서도 묻게 된다. 그러나 그것은 '취약점'이라 불리지 않았다. 그룹의 멤버는 그것을 '보류(reservation)'라고 불렀다. 그 사람이 자신의 강점을 충분히 사용할 기회가 있는데도 그걸 쓰지 않고 보류하고 있다는 의미다.

이 체험의 결과 나는 '확인'을 최초의 성공의 열쇠로 삼았다. 내가 터득한 것은, 누군가를 돕거나 정상적으로 되돌아오려고 생각하기 전에, 반드시 호의적인 평가를 해야 한다는 것이다. 이것은 구식의 인사치레나 아첨을 뜻하는 것이 아니라, 그 사람의 강점에 대해 진심으로 표현하는 것을 의미한다.

만약 어떤 사람의 강점이 잘 떠오르지 않거나 아무 강점도 갖고 있지 않다고 생각한다면, 그것은 그가 자신과는 다른 지향성을 갖고 있다는 걸 의미하는 경우가 많다. 강점을 못 보고 지나치는 것이다. 때로는 강점이 보일 때가 있을지도 모르지만, 오로지 우리들은 과잉사용 쪽에 주목하고 있다.

어떤 의미에서 우리들은 자신을 계속적으로 확인하고 있는 것이다. 무엇을 하더라도, 활동하는 동안 만족을 느끼든 아니든, 확인할 필요성은 늘 있다. 자신의 시점에서, 또는 타인의 시점에서 볼 때, 합격점을 원하는 것이다.

확인의 또 하나의 역할이란, 자신이 어떤 가치관에 근거하고 있는가를 확실히 하는 데에 있다. 자신은 '무엇인가'가 아니라, 타인과 '어떻게' 다른가에 초점을 맞추면 용이해지는 경우가 많다.

한편 자신의 이미지를 그대로 투영한 것과 같은, 자신과 비슷한 사람이나, 또 자신과 서로 다른 사람을 이용하여, 그들의 대조적인 모습을

제9장 성공하기 위한 전략

봄으로써 자신의 모습을 보다 선명하게 투영할 수 있다.

LIFO에 의한 분류에서는, 자기 자신을 비교할 기회가 있다. 얼마만큼 자신은 타인과 동일한가 다른가에 초점을 맞추는 기회이다. 자신을 분류하는 행위, 즉 자신이 어느 지향성을 가장 선호하고, 또한 꺼리는가를 꿰뚫어보는 것은, 확인을 위해 필요한 일이다.

이것은 시작이다. 우리들이 바라는 것, 잘 해내고 싶은 것을 얻기 위한 기본이다. 성장과 인간관계는, 자신을 잘 아는 것과 명확한 정체성(identity)를 갖는 것에 의해 결정된다. 만일, 이 책을 읽은 결과, 자신이나 타인을 구분할 수 있다면, 중요한 어프로치를 달성한 셈이 된다.

그러나 다른 접근 방법을 시도하기 전에, 한 가지 권하고 싶은 게 있다. 자신에게 긍정적인 평가를 아끼지 않을 것. 자신의 강점을 모두 목록으로 작성할 것. 상사, 동료, 친구, 파트너나 자녀들에게 자신의 강점을 말해달라고 할 것. 처음엔 좀 감정이 상할 수도 있지만, 용기가 있다면 자신의 강점을 최대한 활용한 다음, 어떤 '보류'가 있는지 그들에게 물어본다.

활 용

자신의 강점에 대해 긍정적으로 표현하는 방법을 알았다면, 어떻게 하면 그것을 최대한 사용할 수 있는지를 명확히 할 필요가 있다. 자신에게 있어 최선의 것을 찾아낼 필요가 있는 것이다.

우리들은 모두 자기답게 행동하고, 자신의 스타일이나 강점에 맞는 방법으로 일을 하고 생활을 꾸려나갈 기회를 가질 필요가 있다.

4개의 인생 게임

지지/포기(S/G)에게 있어 최선이란

가장 긍정적인 환경	가장 부정적인 환경
상대가 경의를 표한다	기대를 저버린다
지원을 받는다	개인적으로 비판한다
격려를 받는다	조소한다
높은 이상을 추구한다	지원이 적다

통제/쟁탈(C/T)에게 있어 최선이란

가장 긍정적인 환경	가장 부정적인 환경
경쟁이 있다	사용할 수 있는 것이 제한되어 있다
위험을 마다하지 않는다	권한이 축소된다
도전적이다	책임 있는 업무에서 소외당한다
혁신적이다	도전적인 요소가 없다

신중/고집(C/H)에게 있어 최선이란

가장 긍정적인 환경	가장 부정적인 환경
아무도 감정적이 되지 않는다	규칙이나 방침이 수시로 바뀐다
사실을 중시한다	감정적인 사람이 많다
탐구심을 활용할 수 있다	시기상조의 의사결정을 재촉당한다
실용성을 중시한다	진지한 얘기를 진지하게 들어주지 않는다

적응/동조(A/D)에게 있어 최선이란

가장 긍정적인 환경	가장 부정적인 환경
사교적이다	함께 일하는 사람이 무뚝뚝하다

유연성이 있다

격식을 차리지 않는다

남을 받아들일 수 있는
분위기다

비판적인 사람이 윗자리에 있다

일과를 지시받거나, 잔소리가
심하다

예정대로 하도록 강요당하고
감시당한다

상황에 따라서는, 자신의 지향성과는 맞지 않는 조건에 부딪치는 경우가 있다. 그러면 상당한 불만족과 스트레스가 발생한다. 가능한 한 자신의 강점을 표현할 필요가 있는 것이다. 가정이나 직장에 있어서 조정을 도모하고, 자신의 강점이나 특성을 살릴 수 있는 곳에 있을 필요가 있다.

완 화

잘 되리라 생각하는 일에 지나치게 치중하게 되면, 그만큼 에너지와 시간은 낭비되고, 비용도 들게 된다. 딱 적당한 것은 어느 정도일까? 보통 우리들은 얼마만큼이 딱 좋은 정도인지 알고 있다. 왜냐하면 그것은 사물이 순조롭게 진행되고 자신이 바라는 결과를 얻을 수 있는 정도이기 때문이다.

'지나침'은 대개 우리들이 지나치게 대한 상대에게 불안과 불만을 갖게 한다. 이 책에서 들고 있는 각각의 사례에서는, 과잉사용은 곤란한 상황하에서 행해졌다. 스트레스와 갈등이 과잉사용으로 이끌었던 것이다. 과잉사용은 이미 스트레스 상황이 되어 있는 곳의 긴장을 고조시킨다. 때로는 스트레스가 단독으로 작용하여, 스트레스 상황을 만들고 마는 경우도 있다.

상황을 완화하기 위해서는 과잉사용을 하지 않도록 하고, 방향을 바꿔 적당한 행동 정도를 찾을 필요가 있다. 명심해야 할 것은, 이것은 자기 자신을 변화시켜야 한다는 의미가 아니라는 점이다. 우리들은 단지 자신이 지나치게 하고 있는 것을 적당한 양으로 조절할 필요가 있는 것이다.

완화를 위해서는 타인의 원조가 필요하다. 왜냐하면 간단히 과잉사용에 빠져버리기 때문에, 그때 경고해줄 사람이 필요하다. 즉시 알아차림으로써 온 힘을 다하지 않고도 방향전환을 쉽게 할 수 있다. 대개의 경우, 초기단계이면 행동억제는 간단히 끝나고, 체면을 차린다든지 자신을 정당화한다든지 하는 노력도 적게 든다.

아주 조금 자신에게 눈을 돌림으로써, 어느 행동이 과잉사용의 시초인지, 자신의 경계선이나 징후를 관찰할 수 있다. 과잉사용을 하고 있는 초기단계에는, 그걸 경고하는 신호가 있다. 〈제6장 지나친 게임〉에서, 강점의 생산적 사용과 과잉사용의 중간에 있는 행동이나 조짐을 도표화했다. 6장 중에서, 자신이 가장 선호하는 스타일의 부분을 체크함으로써 보다 빨리 자기자신을 이해하고, 강점이 과잉사용되기 전에 그것을 완화할 수 있다.

그러나 때로는 자신을 이해하지 못하고 과잉사용에 빠지는 경우도 있다. 의식하지 못한 채 강점을 지나치게 써버리는 건지도 모른다. 이럴 때일수록, 신뢰할 수 있는 사람이나 존경하는 사람을 거울삼아, 자신이 하고 있는 일에 대한 피드백을 요청할 필요가 있다. 과잉사용을 삼가고 완화하기 위한 명백한 수단은 있다.

표 9-1은, 과잉사용을 역전시키고 취약점을 강점으로 전환하기 위한

제9장 성공하기 위한 전략

[표 9-1] 과잉사용을 역전시키기 위한 완화 테크닉

강점의 스타일, 지향성	과잉사용의 징후
지지/포기(S/G)	* 송구스러운 듯한 언동을 한다. * 마음을 정한 것 같으면서도, 뒷걸음질친다. * 과도하게 비판적이고 윤리적이 된다.
통제/쟁탈(C/T)	* 방어적이 되고, 논쟁에서 상대를 제압하려 한다. * 자신의 방식으로 하고 싶어한다. * 설명을 마지막까지 듣지 않는다.
신중/고집(C/H)	* 세세한 점과 이론으로 공격한다. ― 분석마비가 된다. * 과도하게 침묵하고, 반응을 보이지 않는다. * 한층 더 정보를 요구하고, 상대의 기를 꺾는다.
적응/동조(A/D)	* 유치해지고, 진지하게 상대하지 않는다. * 과도하게 찬성의 뜻을 표하나, 정확히 표명하지 않는다. * 상대의 기분을 완화시키기 위해 더 작은 안건을 자진해서 받아들인다.

4개의 인생 게임

완화의 테크닉	안심시키기 위해 하는 말 "당신은 ~(이)야"

* 적극적으로 원조하고, 안심시키고, 용기를
  북돋워준다.
* 상대의 얘기를 끝까지 듣고, 도움을 청한다.
* 행동에 대해 의의 있는 이유를 열거한다.
* 본인이 우려되는 점에 대해 인내를 갖고
  임한다.
	* 책임감 있고, 가치 있어 보인다.
	* 중요하며, 상대가 이해하고 받아들이고
	  신뢰하고 있다.
	* 이상주의적이지만 헛된 것은 아니다.

* 스스로 해결책을 찾을 수 있는 질문을 한다.
* 상황을 파악할 수 있는 선택사항을 제시한다.
* 자신이 의사결정을 하고 있다는 기분이 들게
  한다.
* 개방적이고 단호한 태도를 취하지만, 경의를
  표한다.
	* 재능이 있고, 유능하다.
	* 장애를 극복할 수 있는 능력이 있다.
	* 기회를 손에 넣을 수 있다.

* 감정을 최소한으로 억제한다.
* 완벽함과 정확성을 평가하기 위한 판단기준을
  설정한다.
* 냉철하게 생각할 기간을 두든지, 의사결정을
  미룬다.
* 신뢰성 있는 추가 사실을 입수한다.
	* 객관적이고, 목적의식이 뚜렷하며,
	  합리적으로 보인다.
	* 안전하며, 안심할 수 있고, 놀랄 만한
	  일은 거의 일어나지 않는다.
	* 큰 낭비를 가져올 만한 상황을 만들지
	  않는다.

* 인상이 좋다고 안심시킨다.
* 반론할 때는 긍정적으로 접근한다. '당신의 관
  심사 중에서 내가 마음에 드는 것은……'
* 솔선해서 타협하도록 한다.
* 의사결정에는 어떤 찬성을 얻을 수 있는지를
  제시한다.
	* 인상이 좋고 교제하기 편한 사람처럼
	  보인다.
	* 행동에 모두가 만족하고 받아들인다.
	* 고정화된 것이 아니라, 유연성을 갖고
	  대처할 수 있다.

139

몇 가지의 테크닉을 제시한 것이다.

보 완

　지금까지 서술한 바와 같이, 대부분의 사람들의 강점은 완전한 것이 아니며 전체적인 지향성을 갖고 있지 않다. 왜냐하면 누구라도 네 개의 지향성 중에는 중요도가 낮은 것이 있기 때문이다. 그 가장 꺼리는 지향성은 우리들이 선호하지 않는 방식이 된다.

　〈제7장 선호하지 않는 게임〉에서 서술한 것처럼, 우리들은 자신이 가장 꺼리는 지향성이 만들어 내는 사각(死角) 탓에, 쉽게 기회를 놓쳐버리거나 치명적인 오류를 범하기도 한다. 자신과는 다른 강점이나 관점을 지닌 사람들이 보완해 줄 수 있다면, 더 생산적이 되는 것은 틀림없다. 그렇게 되면 전력을 다하게 되고, 네 개의 방식 모두가 망라되어 보다 완전한 강점을 사용하여 인생을 보낼 수 있다.

　대개의 사람은 가족이나 동료, 친구와 상사 등 자신과는 상이한 인물과 더불어 자신의 강점을 보완할 필요가 있다. 그러나 그 스타일이 맘에 들었다면, 이미 쓰고 있었을 것이다. 좋아하지 않기 때문에 사용하지 않았던 것이다.

　따라서 우리들은 순서에 따라 단계를 밟을 필요가 있다. 한번에 그 강점을 포용하는 것이 아니라, 조금씩 시작해야 한다. 그러면 선호하지 않는 지향성의 강점을 전부 써야만 한다는 저항감에 압도당하지는 않을 것이다. 뿐만 아니라 그 강점에 점차 익숙해지면서 서서히 받아들이게 된다.

  다음은 각 지향성이 지닌 강점이다. 자신이 가장 꺼리는 지향성의 강점 중에서, 자신의 생산성을 높여줄 만한 것을 한 개나 두 개 정도 골라보자. 강점을 보완하여 효과를 높이자.

추가하고 싶은 강점은 어느 것인가?

지지/포기(S/G)

* 품질을 중요시한다.
* 타인의 요구를 잘 들어준다.
* '지금 어떤가?'가 아니라 '앞으로 어떠해야 하는가?'를 생각한다.
* 모두에게 있어 무엇이 최고이고 공평하고 공정한지에 초점을 맞춘다.

통제/쟁탈(C/T)

* 일을 시작하는 긴급의식을 갖는다.
* 기회에 민감하고, 그 기회를 잡는 데 필요한 것을 감지한다.
* 정당한 자신의 몫을 위해서는 솔선하여 맞서며 열심히 교섭한다.
* 리더십을 발휘하여, 불확실한 상황에서도 적절한 지시를 내린다.

신중/고집(C/H)

* 위기 상태에서도 침착함을 잃지 않는다.
* 상황에 맞는 교환조건을 파악한다.

제9장 성공하기 위한 전략

* 새로운 것으로 이행하기 전에 기존의 것을 최대한 활용한다.
* 사물이 제대로 기능할지 확인하기 위해 테스트한다.

적응/동조(A/D)
* 주위 사람들의 생각이나 감정에 신경 쓴다.
* 경쾌한 분위기로, 심각한 상황의 긴장감을 푼다.
* 유연성이 있고, 타협안을 찾아낸다.
* 타인의 목표를 받아들이고 촉진한다.

자신을 보완해줄 강점을 선택한 후, 그 강점을 지닌 인물에 대해 떠올려 보자. 만약 아무도 떠오르지 않는 경우(그러한 인물에게 주의를 기울인 적이 없기 때문에)는, 이들 강점에 대해 한층 더 주의를 기울이면 곧 누군가를 찾아낼 수 있다.

다음은 그 인물에게 자신의 중요한 계획, 문제, 결정사항을 검토해 달라고 해보자. 그 인물로부터의 질문이나 대답이 당신의 사각(死角)을 보완해 줄 것이다.

확 장

당신을 보완해 줄 인물이 시간을 내줄 수 없다고 가정하자. 또는 당신하고 시간이 맞지 않는다고 하자. 걱정하지 않아도 된다. 그 사람이 가진 강점이나 지향성을 배우고 자신의 것으로 만들 수 있다. 그들이 자신을 보완해줄 때의 모습을 기억하고 있기 때문에, 그들의 강점을 스스로 사용해 보는 것이 가능하다.

4개의 인생 게임

우선 위험도가 낮은 상황, 별로 중요하지 않은 상황을 고른다. 익숙하지 않은 강점을 사용할 때는 어색함을 느끼기 때문이다. 어느 정도 지나면 자신이 가장 선호하는 스타일의 강점을 쓸 때와 똑같이 자연스럽게 사용하게 된다.

타인에 대해서 더욱더 반응적이고 단정적이고 분석적이고 조화적이 된다는 걸 배울 수 있다. 또한 자기 자신에게, 각각의 지향성의 특정한 질문을 던지는 법도 배우게 된다. 그러면 전체적인 지향성으로부터의 발신이나, 계획수립, 의사결정이 가능하다.

학습에는 인내심이 필요하다. 당신이 가장 꺼리는 스타일은 아마도 상당히 오랜 기간 사용되지 않았을 것이다. 어떤 때는 유효한 것이었을지도 모르지만, 현재의 취향에 맞게 상황이 변했을 것이다.

또한 자신의 지금까지의 생활 속에서 그 강점이 쓰일 만한 일과 별로 마주치지 않았기 때문에 사용하지 않게 되었을 수도 있다. 그 방식을 행하는 사람이 주위에 없었기 때문에 알지 못했고, 흉내 낼 상대도 없었던 것이다.

그밖에도 자신이 가장 꺼리는 지향성을 결정한 이유가 있을 것이다. 성장과정에 있어, 자신에게 중요했던 인물의 누군가가 그 지향성을 지니고 있었던 거다. 그들의 행동을 보고, 바람직하지 않은 인생이라고 결론지었을 것이다. 만일 그들의 지향성이 불행한 결과를 초래했다면, 당연히 우리들은 그 지향성을 택하지 않게 된다.

또 다른 많은 사례에서, 왜 가장 꺼리는 지향성은 그처럼 우선도가 낮은가에 대한 이유가 소개되었다. 우리들을 키워준 사람이 그 지향성을 너무 과잉사용했을지도 모른다. 그 과잉사용이 곧 우리에게는 정의가 된 것이다. 과잉사용만으로 머릿속이 가득 차 있어서, 강점이나 장

점이 끼어들 장소가 없다. 그저, 자신의 평가에 맡겨버린다. 그러므로 우리들은 그 지향성 자체를 거부하거나, 그 지향성을 가진 사람 자신도 거부하고 만다.

앞에서 나의 어머니의 C/H에 대해 내가 어떤 식으로 반응했는지를 소개했었다. 내가 오해하고 있었던 것은 그 스타일의 과잉사용이 초래한 예측이나 정보로 인해, 그것이 귀찮고 번거로운 지향성이라는 해석이었다. 내가 성장하는 과정이나 몇몇 사람들과의 교류 속에서, 길을 헤맬 때 길잡이가 되어주던 어머니의 강점에, 난 가치를 인정하지 않고 있었다.

다른 예로, 자신이 가장 꺼리는 지향성에 대해 가질 수도 있는, 공상으로 인한 혐오감을 들 수 있다. 어느 동료는, 자신은 A/D를 선호하는 사람과는 좀처럼 같이 일할 수 없다는 걸 늘 염두에 두고 있었다. 그는 당황하여 고개를 가로저을 뿐이었다. 그에게는 그런 방법으로 살아간다는 건 수용하기 힘든 일이었다. 또한 다음주에 어느 그룹과 일하게 되었는데, 그 그룹의 가장 중요한 사람들이 A/D를 선호하고 있어 꽤 신경이 쓰였다. 몇 사람과 대화를 나누는 동안, 그는 자신의 부정적인 반응을 따로 떼어 생각할 수가 없었다.

그가 참가하고 있던 전문적인 트레이닝 부문에서, 내가 그와 팀을 짜준 전문가 여성이 있었는데, 그녀가 가장 선호하는 스타일은 A/D였다. 두 사람은, 왜 자신은 그 강점을 선호하고, 그것을 중요하다고 생각하는지, 서로의 LIFO진단 결과에 대해 토의하고 서로 해석하지 않으면 안 되었다.

그녀와 한 시간의 대화를 마치고, 그는 자신이 왜 A/D를 이유 없이 싫어하는지를 깨닫게 되었다. 그것은 그와 남동생이 아버지와 늘 사이가 안 좋은 것에 원인이 있는 듯했다. 자신들이 갖고 싶은 것을 사달라

4개의 인생 게임

고 아버지를 조르는 일은 늘 어려운 일이었다.

반대로, 그들의 여동생에게는 문제가 없었던 것 같다. 그의 말에 따르면, 아버지는 그녀에게 길들여져 있는 상태였다고 한다. 딸이 원하는 건 뭐든지 사주었다. 여동생은 융통성 있게, 유연하게, 농담을 곁들이며, 아버지의 완고함을 능숙하게 벗어났다. 그들은 여동생의 행동은 정직하지 않고, 부끄러운 일이며, 배신행위라고 생각하고 있었다. 그러나 이번에 한 팀이 된 A/D여성을 통해 그가 발견할 수 있었던 것은, 그녀가 상당히 매력적인 인물이라는 거였다. 비로소 알게 된 그녀의 전문성, 지성, 믿음직한 면 등은 여동생과 조금도 닮지 않았다.

자신의 케이스에 대해 생각해 보자. 자신이 가장 선호하지 않는 지향성을 선택하게 한 원인이 무엇인지 알 수 있을 것이다. 그 정보가 자신의 방식을 원활하게 확장시켜 준다.

응 용

대개의 경우 우리들은 자신만의 독자적인 세계를 갖고 있다. 자신의 생각이나 감정은 자신만의 것이다. 타인과 함께 있으면 그 사람들과 관계를 맺고 있다고 느끼지만, 그렇더라도 독자적인 생각이나 감정은 그대로 갖고 있다.

사랑은 자신과 다른 세계 사이의 교량 역할을 한다. 서로를 이해하고 인정하려고 하는 욕구나 에너지, 방식을 제공해준다. 사랑은 커뮤니케이션에서의 기대나 욕구를 불러일으킬 수 있다. 일 또한 커뮤니케이션의 필요성이나 욕구를 창출한다. 함께 일을 달성하고 서로 교류를 갖지

제9장 성공하기 위한 전략

않으면 안 된다. 일을 정리하는 것이, 원만한 관계를 유지해야 하는 구체적인 이유이다.

가정에서도 직장에서도 특히 서로 선호하는 지향성이 반대라면, 서로의 세계가 충돌을 일으킨다. 자신이 '가장 선호하는' 스타일을 상대가 '가장 꺼리는' 경우, 긴 다리를 놓을 필요가 있다.

〈제8장 커뮤니케이션의 격차〉에서 서술한 바와 같이, 사람이 커뮤니케이션을 취할 경우에 타인이 기대하는 방식은 각각 다르다. 이것은 자신이 선호하는 지향성의 큰 척도에 의거하고 있다. 상이한 지향성을 갖고 있다면 자연스럽게 다리가 놓여지진 않는다. 스스로 의식하고, 타인의 세계와 이어지도록 노력하고, 상대를 이해하며, '상대에게 있어' 중요한 방식으로 접근하려고 노력해야 한다.

여기에서 당신은 이렇게 말할지도 모른다. "왜 내가 모든 걸 일방적으로 하지 않으면 안 되는 걸까? 왜 그들이 내 세계로 다리를 놓아주지 않는 걸까? 아니면, 적어도 다리의 가운데쯤에서 만날 수 있게 해주면 안 되는 걸까?"라고.

이유 중 하나는, 타인을 컨트롤할 수 없기 때문이다. 상대에게 자신과 맞춰달라고 주장하거나 요구하거나 할 수는 있어도, 그건 자기방어를 강화하고, 그들이 관심을 갖고 있지 않는 커뮤니케이션을 강요하는 것이 된다. 선호하는지 안 하는지 관계없이, 우리들은 솔선하여 타인과의 사이에 다리를 놓을 책임이 있다. 만일 지금부터 하려는 일을 달성하고 싶다면, 자기가 먼저 주도권을 잡아야 한다. 그리고 나서 타인과 함께, 또는 타인을 통해서 행하지 않으면 안 되는 것이다.

그러나 이것은 상대와 닮은 인물이 되어야 한다거나, 자신의 취향이나 정체성(identity)를 포기해야 한다는 걸 의미하는 건 아니다. 단순히 전하고 싶은 정보를 가공하여, 우선은 상대방의 언어로 표현하는 것이

4개의 인생 게임

중요하다. 커뮤니케이션을 편집하는 것이다. 개성의 대수술을 하라는
건 아니다.

　상대도 반쯤은 이쪽으로 다가와 주는 게 이상적이다. 그러나 누군가
가 먼저 시작하지 않으면 안 된다. 자신이 먼저 다리를 건너기 시작하
면, 상대가 자신 쪽으로 향해 오는 경우도 있다. 그러나 첫발을 내딛지
않으면, 절대 알 수가 없다. 어느 집단이 상대방을 개의치 않고 일방적
으로 주도권을 잡을 때, 많은 인간관계는 악화되고 만다는 사실에 놀라
지 않을 수 없다.

　다리가 길고 길이 지루하고 위험하다면 시간이 걸리기 마련이다. 하
지만 ‘모든 다리는 자기 쪽에서 더 길어 보인다’ 는 사실을 깨닫고, 다
리 건너편에 있는, 보다 좋은 관계를 추구하는 여행길에 먼저 나설 필
요가 있다.

　정리해 보면, 첫번째 단계는 ‘확인’ 이다. 자신의 스타일과 독자적인
강점을 명확히 하는 것을 가리킨다. 확인은 자신에게 있어 올바른 것이
무엇인가? 자기 자신은 어떤 인간인가? 자신의 취향은 뭔가? 하는 것을
찾아내는 것을 말한다. 공통의 언어를 사용함으로써 자신의 의도를 상
대에게 전할 수 있는 것이다.

　둘째는 ‘활용’ 에 에너지를 부과할 필요가 있다. 타인은 우리들의 지
향성이나 강점을 알고 있으며, 그것에 맞는 반응을 보인다는 걸 인정할
필요가 있다. 자신의 강점이 평가되고 활용되고 있는지 어떤지, 직장생
활, 사회생활, 가정생활 등 자신이 처해 있는 환경을 검증해 볼 필요가
있다는 것이다.

　세번째는 ‘완화’ 의 단계이다. 잘 되리라 생각하는 일의 지나침을 막
기 위해, 강점의 사용을 조절할 필요가 있다. 과잉사용을 억제하는 데

제9장 성공하기 위한 전략

에 시간도 에너지도 절감된다. 이것은 또한 중요한 사람과의 불화를 피하는 데 도움이 된다.

네번째 단계는 '보완' 이다. 계획입안이나 의사결정을 할 때, 자신과는 다른 지향성이나 강점을 갖고 있어, 그것을 자신에게 부여해 줄 인물을 찾아낼 필요가 있다. 이렇게 함으로써 자신의 사각(死角)은 없어지고, 중대한 실수로 기회를 놓칠 위험도 낮아진다.

이것과 많이 닮은 것이 다섯번째 단계인 '확장' 이다. 우리 자신을 아주 조금 신장시킬 필요가 있다. 자신을 보완해 줄 인물의 사정이 여의치 않을 경우, 우린 그들의 지향성을 배우고 그들의 강점을 사용하는 훈련을 할 필요가 있는 것이다.

마지막으로, 여섯번째는 '응용' 의 단계이다. 타인이 선호하는 지향성의 세계를 향해 다리를 놓을 필요가 있다. 그들의 지향성과 일치하는 방식으로 커뮤니케이션을 취할 필요가 있는 것이다. 처음에는 별로 기분 좋은 일이 아닐지도 모르지만, 부자유를 극복하면, 상대방과 보다 명확한, 보다 빠른 의사소통을 할 수 있다.

확신, 분석, 완화, 보완, 확장, 응용, 이것이 성공으로 이르는 접근방법이다. 가정이나 직장에서 보다 큰 성공을 이루기 위한 평범한 테크닉이다. 인생을 성공으로 이끌고, 새로운 기회를 얻고, 낡은 문제를 해결하기 위한, 무한의 가능성을 제공하는 것들이다.

4개의 인생 게임

10
네 가지 게임플랜의 표현법

우리들이 할 수 있는 모든 활동은 네 개의 방식, 즉 네 개의 지향성에 따른 방법으로 분류할 수 있다. 예를 들어 누구라도 타인을 구제하거나, 통제하거나, 계획을 세우거나, 의사결정을 하거나, 위험을 무릅쓰거나, 신뢰하거나, 견주거나, 타협하거나, 남을 사랑하거나 하지만, 각각 자신에게 맞는 방식으로, 자신의 게임플랜에 따라 행하고 있다.

이것을 이해하기 위해서는, 우리들이 일상적으로 행하고 있는 다음의 활동에 관해 생각해 보길 바란다. '지원', '통제', '계획', '견주기', '타협', 그리고 '사랑'. 이러한 것들은 대부분의 사회에서 거의 모든 사람들이 하고 있는 일이다. 즉, 우리들은 모두 동일한 상황 속에서 살아가고 있는 것이다. 그러나 그 표현방법이 서로 다르므로, 각각의 방식의 차이가 상호간에 혼란이나 장벽을 만들고, 에너지나 생산성, 만족감을 저해한다.

서로의 게임플랜을 이해하고, 평가하고, 활용하면, 상이함이 낳는 초조함을 없애고, 인생을 풍요롭게 할 수 있다.

우선은 남을 지원할 때의 방식의 차이점을 보도록 하자.

네 가지 지원방식

'지지/포기(S/G)' 의 지원방식

질이란 사람은 S/G를 선호한다. 만약 그녀의 도움이 필요하다면, 이쪽에서 그녀에게 도움을 요청할 필요가 있을 것이다. 그녀는 강요하는 듯한 인상을 풍기고 싶지 않기 때문에, 상대가 극심하게 곤란한 상태가 되지 않는 한 그녀는 자기가 먼저 원조의 뜻을 비추지는 않을 것이다. 하지만 실제로 상대방에게 도움을 줄 때의 그녀는, 마치 보호자와도 같은 마음 씀씀이로 대한다. 그녀는 이렇게 말한다. "난, 뭐가 제일 좋은지 알고 있어요. 가장 이상적인 방법을 가르쳐줄게요. 당신이 얼마만큼 열심히 할지도 잘 알고 있고, 이 곤란을 극복함으로써 당신이 얼마만큼 성장할 수 있을지도 알고 있어요." 만일 그녀의 가치기준에 적합하지 않은 도움이 필요하다고 한다면 그녀는 거부할 것이다. 그러나 상대가 필요로 하고 있는 도움이 그녀의 신념을 저해하지 않는 한, 그녀가 익숙하지 않아 아무리 어렵다고 하더라도 그녀는 도와줄 것이다. 상대를 돕고, 칭찬하고, 용기를 북돋워주고, 언제나 이렇게 말해 준다. "필요할 땐 언제라도 도움을 청해요"라고. 그녀의 역할은 손짓하면 달려와 주는 '조언자' 이다.

'통제/쟁탈(C/T)' 의 지원방식

켄은 C/T를 선호한다. 만약 그의 도움이 필요하다면 굳이 부탁할 필요는 없다. 그는 사양 않고 어드바이스를 해주며, 필요하다고 느낄 땐 즉시 도와주겠다고 나선다. 도움이 필요한 일이라면 기꺼이 손을 뻗어 귀찮고 번거로운 일도 마다 않고 거들어준다. 그는 자신이 지금까지 비슷한 문제를 어떤 식으로 해결해 왔는지 설명하고 싶어하므로, 상대가 실제로 무엇을 해야 하는지를 가르쳐줄 것이다. 그는 행동을 강조한다. 더욱이, 자신의 충고를 상대가 따라주기를 기대하고, 상대가 그것에 따르지 않으면 놀라워하고 초조해 할지도 모른다. 그의 역할은, 그 분야의 '전문가' 인 것이다.

'신중/고집(C/H)' 의 지원방식

메리는 C/H를 선호하고 있다. 상대방이 어려운 문제에 부딪쳐 헤어 나오지 못하고 있는 것을 보면 도와준다. 그녀는 문제를 침착하게 분석, 관찰하고, 문제의 본질을 찾아내는 것이 정말로 능숙하다. 그녀는 냉철함과 객관성을 유지하므로, 상대도 침착해질 수 있다. 새로운 선택 사항이 점차 나타나고, 상대는 해결책을 깨닫기 시작한다. 그녀는 찬반 양론을 보여주고, 최종적으로는 어떤 해결책이라도, 알지 못하는 것이나 시도한 적이 없는 것에 대한 불안감을 없애 자신감을 갖게 해준다. 그녀의 역할은 '분석가' 인 것이다.

'적응/동조(A/D)' 의 지원방식

밥은 A/D를 선호하고 있다. 그는 상대가 무엇을 요구하고 필요로 하고 있는지를, 그리고 어떻게 하면 그것을 얻을 수 있는가에 초점을 맞춰 도움을 준다. 그는, 상대가 곤란한 상황에 대해 어떻게 생각하고 느끼는지를 알고 싶어할 것이다. 인내심 강하게, 주의 깊게 상대의 얘기를 '들어' 주므로, 상대는 자신을 돌아보며 해결책을 찾을 수 있다. 그는 그다지 '올바른 행위' 에 사로잡혀 있지 않다. 상대의 문제를 해결하

제10장 네 가지 게임플랜의 표현법

기 위해 필요한 길이라면 그가 모두 열어준다. 그는 '촉진역'을 맡고 있는 것이다.

네 가지 통제방법

다음은, 각각의 지향성으로, 사람이나 사물을 통제하는 경우에 대해 비교해 보자.

'통제/쟁탈(C/T)' 의 통제방법

스우는 C/T를 선호하고 있다. 그녀는 조건을 달지 않고 그저 상황을 받아들여 통제한다. 솔선하여 행동하고, 언제나 새로운 아이디어가 떠오른다. 권한이 부여되는 역할을 맡는 것을 주저하지 않는다. 앞에 나서 지휘하는 것을 좋아하며 자신의 직급이 갖는 힘을 행사하고, 어떤 방법으로 지휘하고 영향을 줄 것인지 알고 있다. 뭔가 잘 안 돼가고 있는 일이 있으면, 그녀는 즉시 부족한 부분을 메워준다. 그리고 그녀가 기대하는 속도로 일이 진행되지 않으면, 모두를 북돋워 행동하게 한다.

'적응/동조(A/D)' 의 통제방법

낸시는 A/D를 선호하고 있다. 무엇이 사람을 즐겁게 하고, 기분을 완화시키는지에 대한 자신의 감수성과 감지로서 주변을 통제한다. 그녀는, 자신의 입장을 즉시는 밝히지 않고, 상대방이 어떤 상황인지에 대한 정보도 주지 않은 채, 자신이 상대에게 찬동하고 있다는 인상을 심어줌으로써, 간접적으로 통제하려고 한다. 그렇게 함으로써, 나중에 대처하기 쉬운 상황으로 몰아갈 수가 있는 것이다. 유머 있는 말로 중요

4개의 인생 게임

한 안건을 얼버무려, 상대에게 거리감을 갖게 한다. '장단을 맞추다'
라는 말대로, 시계(視界)를 확실히 하지 않은 채 일을 원활히 진행시킨
다. 이것 또한 분명한 통제이다.

'지지/포기(S/G)' 의 통제방법

테드는 S/G를 선호하고 있다. 그가 통제할 때는 높은 기준을 제시하
고 사람들이 탁월한 목표를 지향하도록 지휘한다. 전력투구하기를 요
구하고 엄격한 통제를 시도한다. 상대의 친구, 신뢰성 있는 사람, 성실
한 조언자, 상대의 요구에 민감한 인물이 됨으로써, 상대는 가능한 한
그의 도움을 필요로 한다. 상대가 그에게 도움을 청하면, 상대는 그에
게 의존하게 된다. 그는 상대를 돕고, 반응을 보이고, 신경 쓰고 배려해
줌으로써, 간접적으로 통제하게 되는 것이다.

'신중/고집(C/H)' 의 통제방법

빌은 C/H를 선호하고 있다. 그는 몇 가지 규범이나 규칙을 만들고,
제도, 시스템, 관례를 따르게 하는 방법으로 통제한다. 회의의 개요를
정하고, 일의 순서를 정하고, 자기 나름대로의 이론 체계나 구조를 통
해 통제한다. 납득하기 위해서는 사실에 근거한 정보나 구체적인 증거
를 추구한다. 또한, 여러 가지를 분석하고 결정사항의 결과를 예측하는
것에 의해서도 통제한다.

계획을 세우는 네 가지 방법

다음으로 넘어가 보자. 우리들이 장래에 대한 계획을 세울 때는 자신

의 지향성에 맞는 계획을 세우게 된다.

'신중/고집(C/H)' 이 계획을 세우는 방법

다이아나는 C/H를 선호하고 있다. 그녀에게는 실용성에 초점을 둔 철저한 계획입안이 상당히 중요하다. 그녀는 전체의 이야기, 모두를 포괄하는 전체의 그림을 중요시한다. 즉, 포괄적인 정보를 구하고, 장래를 예측하기 위해서는 사실을 매우 중요시한다. 여러 가지 선택사항이 준비되어 있는 것을 좋아하며, 대개의 경우 A의 계획이 잘 안 됐을 경우에 대비하여 B의 계획도 세운다. 또한 기존의 정보를 헛되이 하지 않는다. 이미 자신이 갖고 있고, 이미 기능하고 있는 것에 첨가할 방법을 알고 있는 것이다. 변화를 위해 변화하는 것은 바람직하지 않다.

'통제/쟁탈(C/T)' 이 계획을 세우는 방법

댄은 C/T를 선호하고 있다. 그는 항상 민첩하게, 형식에 얽매이지 않고 계획을 세운다. 일을 실행하고, 업무를 수행하는 데에 분석이나 상호관계는 둘째 문제라고 생각하고 있다. 주로 단기적인 계획을 세우는데, 그 이유는 장기적인 계획은 시간낭비라고 생각하기 때문이다. 그가 계획을 세우는 방법은 신속하고, 직감적이며, 대체로 즉각 행동에 옮길 수 있는 것이다. 회의 전에 엘리베이터 안에서 나눈 대화내용이 계획에 반영되기도 하고, 이미 일어나고 있는 상황에 대응한 계획이 포함되는 경우도 있다. '누가 무엇을 할 것인가? 그 다음에 할 일은?' 등의 행동계획을 필요로 하는 것이다.

'적응/동조(A/D)' 가 계획을 세우는 방법

짐은 A/D를 선호하고 있다. 자신의 계획을 세울 때는, 우선 타인에게

4개의 인생 게임

좋은 반응을 얻지 못할 거라고 결론이 나는 일은 하기 어렵다고 느낀다. '욕조 물의 온도를 맞출' 필요가 있고, 의견의 일치를 얻을 필요가 있으며, 계획을 최종적인 사항으로 하기 이전에 전원의 찬동을 얻을 필요가 있다.

누군가와 함께 계획을 세울 때는, 모든 멤버의 시점이 계획에 포함되도록 노력을 기울여야 한다. 그가 신경 쓰고 있는 것은, 어떻게 하면 멤버들이 받아들여줄까 하는 점이며, 그 중에서도 가장 중요한 것은, 어떻게 하면 그들이 자신의 계획을 **따라 줄 것인가** 라는 점이다.

일이 잘 되어가지 않으면 자신의 계획을 무산시켜버리는 것을 아무렇지도 않게 생각하며, 전원이 받아들일 수 있는 계획으로 간단히 변경한다.

짐은 계획을 세울 때는, 사실만이 아니라 관련된 사람이 그 사실을 어떻게 느낄지에 대해서도 고려해야 한다고 생각한다. 그는 계획을 세우는 것과 같은 정도로, 어쩌면 그 이상으로, 어떻게 그 계획을 실행할지에 중점을 두는 것이다.

'지지/포기(S/G)' 가 계획을 세우는 방법

카렌은 S/G를 선호하고 있다. 그녀는 어떻게 하면 타당한 목표에 계속 초점을 맞출 수 있는지를 알고 있으며, 최종적인 계획이 가장 적합한 것이라고 확신하고 있다. 목적은 이상적인 모델이며, 가능성 있는 모든 것 중에서 최상의 것이다.

계획에 확실한 목적이 있고 중요한 조건에 관한 것이 아니라면, 그녀는 열중하지 않는다. 그리고 관련되어 있는 멤버가, 계획수행에 대한 각각의 약속과 책임을 지키는 일이 그녀에게겐 중요하다. 중요한 계획은, 현상(現狀)이 '어떠한지' 가 아니라 '어떠해야만 하는지' 에 의거한다.

그녀가 평가하는 계획이란, 높은 수준과 용이하게 달성할 수 없는 우수
성을 지니고 있는 것이다.

　네 가지의 지원방식, 통제의 방식, 계획의 입안방법을 보면, 우리들
이 타인에 대해 오해하거나 불만을 갖거나 하는 것은 흔히 있는 일이란
걸 알 수 있다. 상대가 자신과 동일한 행동을 취하고 있지 않으면, 자신
을 원조하고 통제하고 계획을 세우고 있다고는 생각하지 않는다. 도와
주지도 않고 통제도 하지 않으며 계획도 세우지 않는다고 단언하기 쉽
다. 또한 서로 다른 방식으로 하면, 뭔가 움직이고 있다는 것은 인정해
도, 그것이 도움을 주고, 통제하고, 계획을 세우고 있는 것처럼은 보이
지 않는다. 도대체 왜 그런 방식을 취하고 싶어하는 사람이 있는 걸까?
혹시 혼란스럽거나 잘못 알고 있거나 머리가 나쁜 것임에 틀림없다고
생각해 버린다.
　다른 사고방식도 있다. 도움을 필요로 할 때, 누군가에게 통제될 필
요가 있을 때, 누군가가 자신을 위해 계획을 세워주지 않으면 안될 때,
상대방이 우리들의 방식으로 해주길 바란다. 만일 자신의 방식이 아니
면, 상대가 해주었다는 실감이 나지 않거나 감사하지 않을지도 모른다.
그러면 실망이나 곤혹, 때로는 오해를 낳기도 한다. 자신의 지원방법,
통제방식, 계획의 입안방법은, 인식하기 쉽고 이해하기 쉽고 의의 있는
것이다. 하지만 자신의 방식만을 관철하는 데는 한계가 있으며, 많은
새롭고 유효한 원조나 인간관계를 놓치게 된다.
　다음은 자신의 지향성에 따른 각각의 투쟁방법, 타협방식, 사랑방식
에 대해 해설하기로 하자. 재차 말하지만 타인과의 다른 점은 상대를
대할 때의 자기 자신의 기분에 달려 있기 때문에 새로운 사물에의 대처
방법을 깨닫게 해주기도 하고, 반대로 불안을 일으키기도 한다.

4개의 인생 게임

네 가지의 투쟁방법

'투쟁'은, 어떤 사람에게는 즐거운 일이기도 하고, 어떤 사람에게는 두려운 일이기도 하다. 어떤 이는 신념을 위해 투쟁한다. 어떤 이는 사실을 위해 투쟁한다. 어떤 이는 모자가 떨어졌다고 다툰다. 개인의 다투는 방식의 차이를 통해, 강점과 과잉사용에 대해 생각해 보자.

'지지/포기(S/G)'의 투쟁방법

할은 S/G를 선호하고 있다. 대화가 열기를 띠고 활발해지면, 상대에게 있어 올바르고 공평한 일을 하고 싶다고 생각한다. 협력 자체를 구축할 책임을 느끼므로, 비협조적으로 보이기보다는 상대의 기분을 존중하여 양보하는 편이 낫다고 생각한다. 이 스타일의 과잉사용에서 자주 있는 일은, 자기 부정적이 되어 지나치게 양보하는 것이다. 공평한 말이나 신념으로 영향을 주려고 한다. 때로는 도덕주의자가 되는 경우도 있다. 상처 받고, 실망하고, 모든 고난을 전부 수용하는 사람처럼 행동하기도 한다.

'통제/쟁탈(C/T)'의 투쟁방법

대나는 C/T를 선호하고 있다. 그녀는 자신의 입장과 권리를 재빠르게 지킨다. 누구도 그녀에게 이것저것 지시할 수 없다. 그녀에게는 확고한 신념이 있고, 자신의 입장을 매우 잘 알고 있다. 그녀는 때로는 너무 엄격해지기 때문에, 너무나 많은 것을 요구하고 있다거나, 거만하게 보인다거나, 상대가 혹사당하고 있다고 느낄지도 모른다. 자신의 권리와 이익을 빼앗기지 않기 위해 민첩하게 지키므로, 지나치게 주의 깊고 전투적이어서, 상대는 공격당하고 있다고 느낀다. 토론을 하면 멈출 줄

제10장 네 가지 게임플랜의 표현법

모르고, 결론이 확실해질 때까지 자신의 주장을 일관한다. 압력을 가하고, 대답을 종용하므로, 상대는 마치 고문당하고 있는 듯한 기분이 든다. 상대는 자신의 스타일대로 있다가는, 숨도 못 쉴 것 같은 기분이 들지도 모른다.

'신중/고집(C/H)' 의 투쟁방법

존은 C/H를 선호하고 있다. 그의 표어는 '끈기' 이다. 자신의 방식을 관철시킴으로 인해 확신은 얻을 수 있지만, 그것이 지나치면 상대는 마음을 터놓지 않고, 그를 완고한 인간이라고 생각할 것이다. 다투게 되면, 그는 '사실' 을 들고 나와 상당히 합리적이 되고 자신의 입장을 표명하려고 한다. 과잉사용이 되면, '사실' 에 초점을 맞춘다는 측면은 상대에게는 번거로운 일이 되고, 필요 이상의 세세함으로 상대는 초조해진다.

분위기가 감정적이 되면, 존은 일을 해결하기 전에, 침착함을 되찾을 때까지 기다린다. 그가 기다리고 있을 때의 상태는, 마치 관심이 없는 것처럼 보인다. 그는 상대에게 지지를 표명하여 만족감을 주거나 상대방의 입장이 자신에게 영향을 끼치고 있다는 인상을 주거나 하지 않고, 서먹서먹하고 냉담해진다.

'적응/동조(A/D)' 의 투쟁방법

쥬디는 A/D를 선호하고 있다. 논의과정에서 그녀의 가장 큰 관심은 '조화' 이다. 결과적으로 쌍방이 주장하고 싶은 말을 이해하고, 잘 생각하여, 상호 만족할 수 있는 해결책을 찾으려고 한다. 그러나 나중에 이것은 동요나 일관성의 결여를 초래하고, 그녀는 확신을 갖고 있지 않을지도 모른다는 인상을 풍기게 된다. 쥬디는 희망적, 낙관적, 열정적인

4개의 인생 게임

태도를 취하므로, 일이 순조롭게 진행된다. 그러나 때로는 상대방으로 하여금, 그녀는 문제의 심각성이나 어려움을 이해하지도 평가하지도 않고 있는 건 아닐까라는 생각을 가지게 할지도 모른다.

　의견의 다른 점이 있을 때는 즉시 상황을 풀어나가고, 유머를 섞어 긴장을 풀려고 노력한다. 이것이 과잉사용이 되면 목표가 애매해져 버리고, 사물이 확실해지지 않을 가능성이 있다. 그리고 나중에 문제가 다시 제기되고 만다.

네 가지의 타협방식

　다음은 '타협' 이다. 누구나 서로 다른 점을 해결하기 위해, '서로 주고받는' 것과 같은 방식을 각각 갖고 있다.

'적응/동조(A/D)' 의 타협방식

　그렌은 A/D를 선호하고 있다. 그의 좌우명은 '타협하여 전원이 승자가 되자' 라는 것이다. 불행한 패자를 만들지 않는 것이 그의 목표이다. 누군가를 발판으로 하여 이기는 것은, 후에 사이가 틀어지거나, 몇 번이고 다투게 될 뿐이라고 믿고 있다. 또한 타협점을 찾는 것보다 이기는 것이 중요하다고는 생각지 않는다.

　의견의 다른 점이 있으면, 그렌은 기꺼이 개선점을 찾고, 순조로운 진행을 위해 행동으로 옮긴다. 그에게 있어서는 사물의 흐름을 막지 않는 것이 중요하므로, 전원이 만족할 수 있는 해결책을 찾는다. 투쟁으로 발전하는 의견의 불일치는 원치 않는다. 언제라도 난국을 헤쳐나갈 새로운 방법을 도입하여, 유연성을 보이고 있다.

'지지/포기(S/G)' 의 타협방식

샌드라는 S/G를 선호하고 있다. 자신의 신념에 지장이 없는 경우에만 그녀는 타협할 수 있다. 찾아낸 해결책이 공평하고, 불안한 사항이 전부 해결되었을 때, 타협을 인정한다. 타인의 요구에도 중대한 관심을 기울이고, 그녀에게 필요한 인물이라고 판단되면 상대의 길은 열리게 된다. 그녀의 요구란, 협조적이고 보람이 있다고 느껴야 하며, 이 요구를 충족하기 위해서는 타인의 요구에 대해 좋은 반응을 보이는 것이다. 의견의 불일치의 해결책을 모색할 때는, 대충의 타협으로는 불충분할지도 모른다. 타협할 때는, 전원에게 있어 가장 높은 이상과 목표를 내건, 가능한 한 최상의 해결책을 찾지 않으면 안 된다.

'통제/쟁탈(C/T)' 의 타협방식

샘은 C/T를 선호하고 있다. 그에게 있어 타협이란 엄격한 거래를 의미하고, 경쟁적인 교섭의 장이다. 유일하게 가치 있는 상대란, 타협을 통해 회유할 수 있는 상대, 함께 경쟁할 수 있는 상대이다. 그냥 손을 뗀다든지, 굴복하는 건 인정하지 않는다. 그보다도, 교섭전체를 통해 같은 토대에 의거하여 언쟁하는 것을 평가한다.

샘이 타협을 많이 하는 것은, 조속한 해결이 필요할 때나 시간이 없을 때, 혹은 기회를 잃을 가능성이 있는 경우이다. 만일 누가 역할을 맡을 것인지가 타협의 초점이라면, 이것은 자주 있는 일이지만, 책임은 분담해야만 하며 각각이 자주성을 지녀야 한다고 생각한다. 이처럼 행해지지 않으면 샘은 민감해지고, 통제를 둘러싸고 빈번히 싸워야 한다. 그에게 있어 누군가가 정한 규칙에 따르기보다, 자신의 영역을 분할하는 편이 훨씬 수용하기 쉬운 것이다.

4개의 인생 게임

'신중/고집(C/H)' 의 타협방식

발레리는 C/H를 선호하고 있다. 그녀는 논리와 합리성이 타협을 가능하게 할 거라고 생각하고 있다. 의견 차이의 해결을 모색할 때에는, 관계되는 사항을 모두 제기하고 모두 조사한다. 그녀는 각각의 항목의 결과를 예측하는 것이 능숙한데, 그것은 불확실성을 줄이는 일에 도움이 된다.

그녀는 항상 침착한 감정을 유지하고 있으므로, 통제력을 잃을 상황에는 이르지 않는다는 것이 보증된다. 체계 잡힌 규범을 이용하고, 잘 구조화된 윤곽이나 개요를 지도처럼 사용하여 '거친 강' 을 건너는 안내인의 역할을 다하는 것이다.

그녀에게 있어, 해결책은 단계를 쫓아 실행되어야 한다. 몇 번이고 시도해 보고 염려 없다는 걸 안 뒤에, 전체적인 의견의 불일치를 최종적으로 해결하는 큰 단계로 나아갈 수 있다.

네 가지의 사랑법

모든 투쟁이나 타협을 넘어, 우리들을 하나로 이어주는 것은 바로 사랑이다. 그러나, 사랑하는 방법에도 각각의 지향성에 따른 네 가지 형태가 있다.

'지지/포기(S/G)' 의 사랑법

조는 S/G를 선호하고 있다. 그의 내면은 이상적인 기대로 가득 차 있다. 높은 희망, 충성의 맹세, 장기간에 걸친 책임이 그 중심에 있다. 사랑이란 연대의식이며, 모든 일을 함께 하는 것이 이상적이다. 사랑은

제10장 네 가지 게임플랜의 표현법

영원하다.

자신의 모든 것을 아낌없이 주고, 상대를 위해 행동하는 것이 그의 방식이다. 그러나 때로는 그것이 너무 지나쳐, 상대로 하여금 똑같이 해줄 수 없는 것에 대한 부담감이나 죄악감을 갖게 하는 경우도 있다. 책임감은 상대에게 거리감을 갖게 하고, 기대받은 기준을 충족시킬 수 없는 것에 대해 분개하고 있지는 않을까라고 느끼게 하기도 한다.

이와 같은 방법으로 사랑하는 사람은, 상대를 존경하고 숭배한다. 상대로부터 무한한 신뢰와 신념을 받을 수 있지만, 상대가 신뢰를 저버리는 일을 하면 실망과 배신감이 끓어오른다. 순수와 환상이 무너지면 실망하며 신뢰감을 되찾는데 시간이 걸린다. 충족되지 않은 것, 혹은 지킬 수 없었던 약속의 상처를 치유하는데도 시간이 걸린다. 이것은 모두 사랑에 대해 품고 있는 전제가 기초가 되고 있다. "사랑을 받기 위해서는 사랑을 주지 않으면 안 된다. 나의 사랑에 대한 보답으로서, 나도 사랑받기를 원하지만, 만일 내가 사랑을 얻지 못한다 하더라도 기꺼이 희생하자."

'통제/쟁탈(C/T)' 의 사랑법

리사는 C/T를 선호하고 있다. 정열과 흥분이 그녀의 끝없는 욕구를 메운다. 만족하는 일이 없는 것이다. 하지만 그녀의 뜨거운 사랑의 불꽃이 타오르는 건, 색다른 맛이 엷어질 때까지이다. 돌연 의구심을 품게 된다. '이것이 사랑일까? 이것이 사랑이라면 어째서 마음이 흔들리는 걸까?

정열을 지속시키는 일이 불가능하다고는 생각조차 하지 않는다. 정열을 지속시키는 데는 연인과의 사이에 거리와 불화가 필요한 것이다. 불화로 인한 헤어짐, 연인과의 재회, 키스나 화해, 그리고 또 이별. 이것을 몇 번이고 몇 번이고 반복함으로써 그녀는 황홀한 만족을 얻어가는 거다. 감정의 기복은 동일인물에 대해 일어나는 경우도 있고, 새로운 파트너의 신선함에서 일어나는 경우도 있다.

이런 식의 애정에서는, 구혼하고 사랑을 획득하는 것이 만족에의 열쇠가 된다. 관계가 이루어졌다고 느끼는 것 또한 관계를 지속시킬 때에 필요한 것이다.

C/T인 연인은, 둘의 관계가 매너리즘에 빠지지 않고, 늘 경이로움과 신선함이 느껴지는 관계이길 바란다. 상대에게 정열이나 유머를 기대하지만, 자신도 똑같이 그래야 할 필요성은 깨닫지 못한다.

이와 같은 사랑방식에선 모순된 욕구(Needs)가 생겨난다. 한편으로는 같은 링에 서서 힘을 겨룰 수 있는 활력과 정신력을 가진 사람을 원하며, 에너지의 불꽃을 터트리며 정열을 키운다. 그러나 다른 한편으로는, 상대에게 정신적인 버팀목이 되고 존경받고 소중한 사람이고 싶다는 욕구가 있다. 여기서는 암묵하에, C/T와 S/G 쌍방의 가치를 상대에게 요구하고 있는 것이다. 그들이 전제로 하고 있는 것은 다음과 같다. "당신이 부여하는 것을 나는 모두 받아들일 수 있으며, 자신이 구하고자 하는 것이 손에 들어오면, 난 아낌없이 호탕하게 당신이 원하는 걸 드릴 겁니다."

'신중/고집(C/H)' 의 사랑법

레이는 C/H를 선호하고 있다. 그는 온화하고 현명하고 침착한 성격이다. 무드나 감정의 환상에 빠지는 일이 중요하다고는 생각지 않는다. 이상을 좇지 않는다면, 두 사람의 관계는 자연스럽고 순조로울 거라고 생각한다. 초조해 하는 것은 의미가 없다. 지혜를 짜고, 현실과 도리에 기초를 두면, 오래 갈 수 있는 견실한 관계가 확실히 다져질 거라

제10장 네 가지 게임플랜의 표현법

고 여긴다.

이런 사랑방식에는 요란하지 않은 예정이 짜여 있고, 사랑이 깊어지지 않을 거라는 건 쉽게 상상할 수 있다. 그러나 눈에 보이는 감정표현이 거의 없다고 하더라도, 상대에 대한 감정조차 엄격한 것일 수도 있다. 유일하게 제한되어 버린 것이 감정을 표현하는 것일지도 모른다.

하지만 구체적인 행동 어디에서든, 그들의 애정표현을 보고 느낄 수 있을지도 모른다. '아주 작은 일이 큰 의미를 갖는' 것이다. 단순하고 일상적인 행위가, 그에게 있어서는 중대한 의미를 갖는다. 각각이 상대를 생각하는 배려나 애정표현인 것이다.

그러나 애정표현이 간접적이고 구체적이지 않은 탓에, 상대가 거기에 담겨진 마음을 알아채지 못하거나, 이해하지 못하는 경우도 있다. 상대의 지향성에 따라서는, 갑작스레 허를 찌르는 듯한, 혹은 정서가 듬뿍 담긴, 혹은 농담 섞인 감정이나 애정표현을 요구할 것이다. 하지만 그게 빈번하진 않을 것이다.

그들이 사랑할 때에 전제가 되고 있는 것은 다음과 같다. "만일 우리들의 사랑이 시험당하고 있다면, 너에게 필요한 만큼의 사랑을 쏟을 거야. 우리들은 이제 막 시작했을 뿐이니까."

'적응/동조(A/D)'의 사랑법

베스는 A/D를 선호하고 있다. 그녀의 사랑은 쾌활하고 명랑하고 가벼운 타입이다. 유쾌하고 우호적인 점이 때로는 심각한 일을 감추고 만다. 형식에 얽매이지 않고, 심각하지 않게 표현하므로, 상처받기 쉬운 면이나, 상대의 승인이나 사랑을 잃는 것에의 불안을 숨기고 있다.

그녀에게 있어 가장 중요한 것은 상대를 기쁘게 하는 일이다. 상대가 행복한 상태가 되기 위해서는 어떤 일이라도 기꺼이 한다. 상대가 기뻐

4개의 인생 게임

하는 것이라면, 어떤 노력도 대수롭지 않게 여긴다. 상대가 자신의 메시지를 수용하고 있는지를 확인하기 위해서, 과장된 행동을 할 때도 있다. 그녀의 감정표현은 확실하고 정열적이며 낙천적이다.

그녀에게 있어 애인과의 관계에서 중요한 부분을 차지하는 것은, 함께 뭔가를 하고, 함께 어딘가에 가는 일이다. 함께 노는 일도 중요하다.

밝게 행동함으로써 두 사람의 문제나 걱정을 감춰버린다고 하더라도, 상대를 달래기 위해서는 경쾌한 유머를 선보인다.

애인과 말다툼을 하게 되면, 이 지향성의 두 사람은 즉시 관계를 회복하고 개선하고자 한다. 결과적으로 두 사람의 관계에 관한 중요한 문제는 표출되지 않은 채 일시적으로는 해결된 듯 보이지만, 계속적으로 발생하게 된다.

이런 애인이 지나치게 행동할 때는, 잔재주를 부리고, 추켜세우며, 심각한 문제로부터 달아나려고 하는 것처럼 느낄지도 모른다. 상대는 그 사람의 안이함과 유연성을 비난하고, 그 사람이 더욱 소신을 갖고, 의사결정에 더 책임감을 가져주기를 바라기도 한다.

의기소침해 있을 땐, 격려를 아끼지 않고 마음을 써준다. 곤란한 상태에 있으면, 사이가 소원해지는 것을 염려하고 둘의 관계에 그늘을 드리울 나쁜 감정으로부터 구해내려고 할 것이다. 이와 같은 사랑의 전제가 되고 있는 것은 다음과 같다. "살아가며, 서로 사랑하고, 즐겁게 웃으며 행복해지자."

여기까지 씌어진 내용을 읽으면, 어느 것도 자기 자신을 충분히 표현하고 있지는 않다고 생각할지도 모른다. 그것은 정확한 인식이다. 자신은 두 개의 지향성이 조합되어 있다고 느낄지도 모르는데, 우리들의 대부분은 선호하는 방식을 두 개 이상 갖고 있기 때문이다.

제10장 네 가지 게임플랜의 표현법

인생의 전환점에 있어서의 다른 점

서로 다른 지원 방법, 통제의 방식, 계획의 입안방법, 투쟁의 방식, 타협의 방법, 그리고 사랑방식에 덧붙여, 우리들은 인생의 큰 전환점을 자신의 지향성에 따라 극복하고 있다.

누구나 부모로부터 독립하고, 사회의 일원으로 자신을 확립하고, 반려자를 찾고, 가정을 꾸리며, 자녀와의 관계를 만들고, 이별을 경험하고, 은퇴하고, 나이를 먹고, 그리고 죽는다.

다음의 내용처럼, 각각 일어난 일들은 자신의 지향성에 따라 개성적으로 행해지고 있는 것이다.

가족으로부터의 독립

지지/포기(S/G)

　　＊ 정당한 이유를 필요로 한다.

　　＊ 가족 대신이 되어줄 대상을 찾는다.

　　＊ 의존할 곳을 관념적인 대상으로 바꾼다.

　　＊ 죄의식을 갖기 쉽다.

통제/쟁탈(C/T)

　　＊ 예리하게 대립한다.

　　＊ 낡은 것으로부터 멀어지고 새로운 것을 선호한다.

　　＊ 행동하는 것으로써 불안을 감춘다.

　　＊ 실수를 찾는 일에 죄의식이 투영된다.

4개의 인생 게임

신중/고집(C/H)

* 좀처럼 단행하지 못한다.

* 낡은 것을 고수하고, 좀처럼 새로운 일에 착수하지 않는다.

* 충실하고 침착하다.

* 죄의식은 합리적으로 자제한다.

적응/동조(A/D)

* 두 개의 세계를 갖는다.

* 친구들에게도 가족적인 감정을 갖는다.

* 불쾌한 일은 하지 않는다.

* 죄의식을 농담으로 무마시킨다.

직업 선택

지지/포기(S/G)

* 이상에 의거하여 선택한다.

* 스폰서나 본받아야 할 새로운 모델이 생기기를 기다린다.

* 기회와 지원에 감사한다.

* '도움이 되고 싶다.'

통제/쟁탈(C/T)

* 기회와 경쟁을 찾는다.

* 많은 선택에 혼돈되는 경우가 있다.

* 지원한다, 뛰어든다.

* '자신의 방식으로 일하고 싶다.'

신중/고집(C/H)

* 사실을 모두 철저히 조사한다.

* 결정하는 데 시간이 걸린다.

* 미래는 정해져 있고 프로그램처럼 짜여 있다.

* '제대로 준비될 때까지는 움직이고 싶지 않다.'

적응/동조(A/D)

* 인기 있는 일을 한다.

* 유연성이 빠른 성공을 가져다 준다.

* 상대의 영역에서 사물을 처리한다.

* '적응하고 싶습니다.'

캐리어(career) 진전기(進展期)

지지/포기(S/G)

* 자신이나 타인을 개발시킨다.

* 절대로 달성할 수 없을 만큼의 높은 기준을 스스로 정한다.

* 헌신적이고 열심이며, 타인의 장점을 살린다.

* 나중에 약간의 환멸을 느낀다. '나는 평가받지 못하는 것은 아닐까.'

통제/쟁탈(C/T)

* 전진하여 최상급의 것을 움켜쥔다.

* 극적인 달성을 이뤄낸다.

* 전직 혹은 퇴직한다.

4개의 인생 게임

* 일이란 인생에서 가장 중요한 것이다.
* 나중에 경험하는 것은, '지금 하지 않는다면 영원히 하지 못
  한다.'

신중/고집(C/H)

* 체계적이고 건실하게 달성한다.
* 변화나 모험은 거의 하지 않는다.
* 각각의 입장을 철저하게 개발한다.
* 나중에 느낄지도 모르는 것은, '나는 녹초가 되었다.'

적응/동조(A/D)

* 좋은 아이디어가 많아'인기를 한몸에 받는다.
* 미묘한 문제나 인간관계에 대해 인식한다.
* '어떻게 해주면 기뻐할까?
* '난 도대체 어떤 존재인가? 하는 의문이 들지도 모른다.

배우자로서

지지/포기(S/G)

* 서로 격려한다.
* 존경하고, 감동한다.
* 상대가 고맙게 여기지 않으면 분개한다.
* 베풀면 얻을 것이다.

통제/쟁탈(C/T)

  * 배우자를 자신의 캐리어를 위한 재산으로 생각한다.

  * 열정에 들떠 있고 모험적이다.

  * 지배적인 태도에 분개한다.

  * 얻을 수 있다면, 나도 베풀자.

신중/고집(C/H)

  * 안정의 초석이자 원천이다.

  * 온화하고 현명하며 침착하다.

  * 감정을 드러내는 요구에 대해 분개한다.

  * 이미 갖고 있는 것을 유지하기 위해서, 베풀자.

적응/동조(A/D)

  * 동료이자 사회적 파트너이다.

  * 놀기 좋아하고 기분파다.

  * 상대를 기쁘게 해주고 있는데, 상대가 자기를 기쁘게 해주지
    않으면 분개한다.

  * 상대를 기쁘게 하면, 얻을 수 있을 것이다.

부모로서

지지/포기(S/G)

  * 조언자이다.

  * 타인에 대한 배려를 가르친다.

  * 행동의 내면에 있는 강렬한 윤리적 신념을 나타냄으로써, 예

4개의 인생 게임

의범절을 가르친다.

통제/쟁탈(C/T)

* 도전적인 목표를 부여한다.
* 정의를 위해 맞서라고 가르친다.
* 행동에 관련된 처벌과 기한을 둠으로써, 엄하게 예의범절을 가르친다.
* 행동을 기대하고, 승자를 되길 기대한다.

신중/고집(C/H)

* 주의 깊게 대하지만, 본보기는 보이지 않는다.
* 감정적이 되지 않고, 사실을 중요하게 여긴다.
* 조용하게 대응하고, 혹은 벌을 주지 않으면서, 예의범절을 가르친다.
* 잘 생각하여, 규범에 맞게 행동하게 한다.

적응/동조(A/D)

* 자녀와 함께 즐겁고 좋은 시간을 보낸다.
* '남에게 잘 대하거라, 그러면 그들도 널 도와줄 테니까.'
* 물질적으로 사로잡고, 추켜세우고, 제한을 두지 않음으로써, 예의범절을 가르친다.
* 기뻐하는 일, 잘 되는 일을 기대한다.

제10장 네 가지 게임플랜의 표현법

이혼할 때

지지/포기(S/G)

* 자신을 책망한다.

* 포기한 것에 죄책감을 느낀다.

* 모든 것을 내팽개친다.

* 상처받고 있으며, 자신은 희생자임을 강조한다.

통제/쟁탈(C/T)

* 비난하는 것에 집중한다.

* 죄책감을 행동으로 억제한다.

* 빼앗기는 것에 대해 싸운다.

* 상처받고 있다는 것을 부정하며, 분노를 나타낸다.

신중/고집(C/H)

* 비난하는 것은 피한다.

* 죄의식을 합리화한다.

* 철저하고 상세하게 해명한다.

* 상처받고 있는 것을 참으며, 물러난다.

적응/동조(A/D)

* 양쪽 다 책임이 있다고 생각한다.

* 죄의식을 완화시킨다.

* 친구가 처리해 준다.

* 상처받고 있는 것은 숨기고 웃는 얼굴로 행동한다.

4개의 인생 게임

정해진 상대가 없을 때

지지/포기(S/G)

* 로맨스와 일체감.

* '틀림없이 누군가가 나를 필요로 할 거다.'

* 사랑은 모든 것을 극복한다.

* '나는 사랑할 수밖에 없는 인간이다!'

통제/쟁탈(C/T)

* 모험과 체험.

* '나는 만족하고 있지 않지만, 납득은 하고 있다.'

* 기회는 한 번밖에 오지 않는다.

* '나는 유능하다.'

신중/고집(C/H)

* 현실적이어서 거리감을 둔다.

* '신중하게 분석하지 않으면, 준비한 것으로 간주하지 않는
  다.'

* 장래를 위해 대비해 두지 않으면 안 된다.

* '나는 이성적이다.'

적응/동조(A/D)

* 유머와 농담.

* '정말로 서로가 좋은 자극을 주고받고 있구나.'

* 인생을 즐긴다.

제10장 네 가지 게임플랜의 표현법

* '사람들이 날 좋아해.'

나이 들 때

지지/포기(S/G)

* '가치 있는 인생이었을까?

* 피할 수 없는 일이며 슬픈 일이다.

* '주위 사람들에 대해, 올바르게 대해 왔을까?

* '나는 베푸는 사람이었을까, 아니면 희생자였을까?

통제/쟁탈(C/T)

* '수확이 많은 인생을 살아왔을까?

* 체력과 건강 유지에 도전한다.

* '모든 걸 다 끝냈을까?

* '나는 승자였을까? 패자였을까?

신중/고집(C/H)

* '유익한 인생을 살아왔을까?

* 천천히 맞이하며 과장되게 생각하지 않는다.

* '나의 계획은 달성되었을까?

* '난 매사에 정확한 사람이었을까? 아니면 완고한 사람이었을
  까?

적응/동조(A/D)

* '주목할만한 인생이었을까?

4개의 인생 게임

* 아직 마음만은 젊다.
* '사물을 순조롭게 받아들여 왔을까?
* '나는 이름을 남겼을까? 아니면 알려지지 않았을까?

은퇴할 때

지지/포기(S/G)

* 쉽게 의기소침해진다.
* 자녀에게 의지한다.
* 오랫동안 하고 싶었던 일을 시작한다.
* 사물의 흐름에 몸을 맡긴다.

통제/쟁탈(C/T)

* 새로운, 마지막 모험을 한다.
* '이봐, 난 아직 할 수 있어.'
* 자신이 만족하기 위해 필요한 일을 한다.
* 일을 벌인다.

신중/고집(C/H)

* 지금까지대로 한다.
* 일을 그만두고 신중해진다.
* 계획을 세우고, 저축하고 있다.
* 헛됨이 없이, 최대한의 삶을 영위한다.

제10장 네 가지 게임플랜의 표현법

적응/동조(A/D)

    * 해야만 하는 일이라면, 뭐든 한다.

    * 열정적.

    * 함께 하자.

    * 일을 편안한 기분으로 한다.

　타인과의 다른 점을 인정하는 일은 간단하지 않다. 누군가를 좋아하거나 사랑할 때, 때로는 상대방에 대해, 특별히 신경 쓸 필요가 없는 사람이라고 생각해 버린다. 매우 친하고 가까운 관계에 있으므로, 상대의 존재감이 희미해진다. 상대의 개성이라든가, 상대가 좋아하는 특별한 방식을 보지 못하고 지나치는 것이다. 상대가 자기 자신과는 다른 존재라는 것은 알고 있어도, 오히려 자신과 같은 건 아닐까 하고 생각하고 만다. 자신과 똑같이 사랑하고, 똑같이 계획하고, 똑같이 누군가를 돕진 않을까, 라고. 의견의 불일치라는 현실이 가로놓여 있어도, 자신의 방식이 가장 적합하다고 생각하고, 더욱이 그것이 '유일한' 방식이라고 생각하여, 상대를 납득시키려고 한다. 이것은 흔히 있는 일이다.

　타인과의 다른 점은 자신의 인생을 풍요롭게 해준다고 평가할 수 없다면, 다른 방식으로 지원하거나, 통제하거나 계획을 세우거나 견주거나 타협하거나 남을 사랑하거나 하므로, 초조해하고 결국은 안 좋은 사이가 된다.

　방식의 차이를 둘러싸고 말다툼을 벌이는 일도 자주 일어난다. 서둘러 하고 싶은 긴박감을 가진 상대를 따를 것인가, 천천히 확실하게 하고 싶은 내 희망을 따를 것인가. 생각할 수 있는 최선의 해결책을 찾아야 한다는 상대를 따를 것인가, 빨리 성과를 내야 한다는 내 희망을 따를 것인가. 잠시 멈춰서 정말인지 아닌지 확인하려는 상대를 따를 것인

4개의 인생 게임

가, 새롭고 흔치 않은 일을 시도해 보려는 나를 따를 것인가.

'상대의 방식' 대 '내 방식' 이라는 경쟁을 그만두려면, 서로의 다른 점을 활용하여 서로의 사각(死角)을 메워, 과잉사용의 균형을 잡을 수 있다. 전체적인 시계(視界)를 가진 사람이란 없다. 하지만 자신에게 일어나고 있는 일에 대해 보다 많은 정보를 얻을 수는 있으며, 실수를 줄이고, 보통 때 지나쳐버리는 기회를 손에 넣을 수 있다.

그래도 우리들은 자신과 닮은 인물을 찾는다. 서로 뭔가 공통되는 부분이 있으면, 일을 할 때는 비슷한 방식이 되고 보다 좋은 기분이 된다. 확신할 수 있는 것이다. 그 인물을 확신하기 쉬운 것이다. 자신이 선호하는 방식, 자신들의 방식, '최선' 의 방식, '올바른' 방식으로 일이 행해진다는 걸 알고 있기 때문이다.

같은 지향성을 선호하고 있어도 충돌은 일어난다. 그것은 차이점에서 오는 것이 아니라, 유사점에서 오는 경쟁심이다. 상대의 방식과 내 방식의 차이점에서 오는 경쟁이 아니라, 누가 기회를 잡고, 똑같이 지니고 있는 강점을 누가 발휘하고, 만족을 얻을까 라고 하는 경쟁이다.

두 사람이 S/G라면, 충돌은 서로의 신념에 대해서일지도 모른다. "내 신념은 자네보다도 레벨이 높아!" 쌍방이 C/T라면, 지금이야말로 행동할 때이므로, 즉각 실행에 옮겨야 한다는 데에 일치한다. 그러나 자신은 A안(案)으로 밀고 나가야 한다고 생각하고 있고, 상대는 B안(案)을 취해야 한다고 말한다.

양자가 C/H라면, 자신과 상대의 어느 쪽 계획이 보다 의미를 갖고 있는가 라는 점에서 합의가 이루어지지 않기도 한다. 어느 쪽이 더 안전하고 신뢰할 수 있을까?

만일 같은 A/D라면, 주목할만한 '차이점' 은 어느 쪽이 더 타인에게 민감한가 라는 점이 된다. 나와 상대 중에서 어느 쪽이 타인을 기쁘게

제10장 네 가지 게임플랜의 표현법

해 줄 방법을 알고 있을까?

같더라도 다르더라도, 충돌이 일어나지 않는다는 보장은 없다. 사이 좋게 해 나갈 거라는 보장은 어디에도 없다. 그래도 자신과 유사점이 있는, 같은 지향성은 이해하기 쉬우므로, 보다 간단히 신뢰할 수 있다. 자신이 이해할 수 없는 사람은 신뢰하지 않는 법이어서, 지향성이 다른 사람을 신뢰하는 것은 어렵다. 그들 차이점에 따라 우리들은, 오해받고 있다고 느끼거나, 받아들여지지 않고 있다, 또는 거리감이 있다고 느끼기도 한다.

다른 점이 있으면, 우리들은 게임을 하고 있는 건 아닐까 라고 느낀다. 그것은 마치, 함께 경기대회에 출전하려고는 하고 있지만, 한 팀은 축구로 출전하기로 하고, 다른 팀은 야구를 하고 싶다고 생각하는 것과 같다. 우리들의 게임일까, 아니면 그들의 게임일까, 어느 쪽으로 하면 좋을까? 자신들의 게임이라면 잘 알고 있어 좋지만, 그들의 게임이라면 완벽하게 이해하지 못하기 때문에 불안하다. 좀처럼 그 게임에서 만족한 적은 없으며, 자신이 그 게임을 할 수 있을지 어떨지도 모르니까!

자신의 인생을 더 생산적인 것으로 만들고, 더 조화로운 삶을 영위하며, 초조함에서 벗어나기 위해서는, 차이점에 대처할 필요가 있다. 도움이 되는 다섯 개의 주요 단계를 소개해 보자.

다른 점을 관리하는 다섯 단계

1. 명확히 한다

LIFO 진단 등을 이용하여, 혹은 지향성에 대한 새로운 지식을 이용하여 타인을 관찰하고 배움으로써, 서로의 다른 점을 명확히 한다.

2. 이해한다

4개의 인생 게임

타인에 대해 생각하고, 그들의 다른 점에 대해 묻고, 다른 점이 어떻게 작용하는지 이해한다.

3. 평가한다

수용적인 태도로, 타인의 독자성, 즉 사물을 대하는 네 가지 방법의 개성에 대해, 그 다른 점을 평가하고, 가치를 인정한다.

4. 활용한다

전체적인 시각으로, 보다 좋은 계획, 보다 좋은 해결책을 만들기 위해 차이점을 활용한다.

5. 체계화한다

각각 자신의 강점을 발휘할 수 있듯이, 활동을 분할해서 체계화한다.

같은 일을 하고, 같은 조직에 소속되고 또는 같은 가족의 일원인데도 이렇게 각각 다르다니, 인간의 본질이란 참으로 경이로운 것이다. 그 점에 갈채를 보내자! 그렇다고 해도 자신이 선호하는 방식만을 하면 되는 거라면, 얼마나 즐거울까!

제10장 네 가지 게임플랜의 표현법

LIFO프로그램 개발의 역사

LIFO®트레이닝은 응용과학의 한 체계이며 개인이나 조직의 생산성을 향상시키기 위한 것으로 그 근원에는 프로이트(Freud)로부터 라이히(Reich)에 이르는 〈정신분석이론〉, 에릭슨(E. Erikson), 프롬(Fromm) 등의 〈발달이론〉이 있으며, 매슬로(Maslow)의 〈자기실현이론〉, 칼 로저스(C.Rogers)의 〈고객중심요법〉, 그리고 레빈(K. Lewin)의 〈집단역학이론〉의 영향이 깔려 있다.

이와 같이 여러 갈래에 걸친 기원을 갖고 있는 LIFO트레이닝은, 나의 개인적 경험과 전문가로서의 경험을 토대로, 25년간의 세월에 걸쳐 발전하며 지금의 형태로 통합되어 온 것이다.

1954년, 아브라함 매슬로(Abraham Maslow)는 〈자기실현에 관한 이론〉을 개발했다. 그는 프로이트 이후의 정신분석적인 병리학을 연구하면서, 그것에 만족하지 않고, 건강하고 정상적인 사람에 관한 연구도 했다. 잘 알다시피, 매슬로는 인간의 욕구에 다섯 가지의 단계가 있다고 설명하며, 가장 하위의 기초적인 것부터 순서대로, 생리적 욕구

(physiological needs), 안전 욕구(safety needs), 소속 욕구(belonging needs), 자기평가 욕구(esteem needs), 자기실현 욕구(self-actualization needs)가 있다고 했다.

매슬로는 인간의 최상위 욕구인 자기실현에 관해 여덟 가지 방법을 제창하였으며, 이는 LIFO트레이닝에도 수용되었다.

1. 자신의 주위에서, 사람들 사이에서, 또한 사람들 내면에서 무슨 일이 일어나고 있는지를 보다 깊게 의식한다.
2. 인생은 긍정적인 측면과 부정적인 측면을 선택하는 과정이라고 이해한다. 그러나 위험을 무릅쓰더라도 성장하는 것을 선택한다.
3. 가치관, 기호, 기질을 포함해, 자신의 핵심을 이루는 내면적인 본질을 다룬다.
4. 자신의 욕구나 행동에 대해 성실해지며, 책임을 다한다.
5. 인생에 있어, 보다 좋은 선택을 할 수 있도록 자신에 대한 욕구나 자신의 판단을 신뢰하도록 노력한다.
6. 자신의 잠재력을 끊임없이 개발하고, 자기실현을 목적으로 받아들이는 것이 아니라 영속적인 과정으로 받아들인다.
7. 보다 깊은 인식이나 좀 더 명확하고 정확한 사고, 감각, 행동을 낳는 '최상의 체험(peak experiences)'를 얻는다.
8. 자신이 어떤 식으로 방어하고 어떻게 자기와 외부에 대한 이미지를 왜곡하고 있는지를 깨닫고, 이를 없애는 노력을 한다.

LIFO트레이닝은 성장을 위한 접근방법으로 '응용'을 제시하고 있으며, 타인의 필요성과 가치관의 차이에 대한 '인식의 결여'를 알고 극복하는 것을 목표로 하고 있다. 또한 타인의 '내적 현실'을 보다 잘 이해

참고 - LIFO프로그램 개발의 역사

함으로써 상대에게 무엇이 좋은 것이고, 무엇이 필요한지 알고 있다는 우쭐함을 억제하는 역할도 함께 하고 있다.

LIFO트레이닝은 또한, 칼 로저스의 고객중심의 관점과 〈세라피 (Therapy)이론〉을 따르고 있다. 로저스의 이론에서는, 자기 실현과 고객의 행동 변화를 추구한 결과, 성장하는 책임과 관리를 고객 자신에게 위임하고 있다. LIFO트레이닝에서도 고객, 즉 학습자가 트레이닝의 프로그램에 따르는 과정에서, 전문가는 안내자가 되어 사물을 확실하게 밝혀나간다. 고객은 인생의 네 개의 지향성과 성장에의 여섯 개의 어프로치로 구성된 프로그램 속에서, 자기분석, 이해, 그리고 성장에 대한 자기책임을 갖는 것이다.

또 하나의 로저스의 이론, 즉 고객에게 '무조건적으로 긍정적인 배려 (unconditional positive regard)' 를 하는 것도 LIFO트레이닝에 도입되어 있다. 고객의 편리와 장점에 초점을 맞춤으로 인해, 변혁, 성장의 전 단계인 '자기수용' 이 행해진다. 고객에의 평가는 자제되며, 고객은 '무조건적으로 긍정적인 배려' 를 경험한다.

칼 로저스는 원조 과정(helping process)과 원조적 관계(helping relationship)의 개요를 설명하는 데 있어서 각 종류의 지원을 체계적으로 정리하고 있는데, LIFO트레이닝도 역시 그 원조적 관계의 단계를 밟고 있다.

1. 상황이 명확해진다.
2. 자유롭게 표현하도록 장려된다.
3. 트레이너는 수용적이며, 사물을 명확히 한다.
4. 긍정적인 감정이 표현된다.

4개의 인생 게임

5. 성장하고 싶다는 긍정적인 욕구가 인정된다.

6. 통찰이 권장된다.

7. 선택사항이 명확해진다.

8. 긍정적인 행동으로 유도된다.

9. 한층 더 깊은 통찰이 권장된다.

10. 자주성이 향상된다.

로저스와 매슬로 개념의 대부분은, 교육, 비즈니스, 그리고 산업분야에 있어서 폭넓게 수용되어 왔다. 인간의 기능을 긍정적으로 받아들이고, 자아를 강화시키는 말을 사용하고, 또한 병리학보다도 성장과 원조적 관계를 강조하는 것으로, 그들은 응용과학에 막대한 공헌을 했다.

칼 로저스는 많은 집단 감수성 훈련 그룹(*Cal Rogers on Encounter Groups*, Harper & Row, New York, 1970)을 실천했다. 그룹의 성장과 기능에 관한 그의 이론과 실천의 대부분은, 개인의 인격과 성장에 관한 이론을 응용한 것이다.

1962년에 매슬로는, 남캘리포니아에 있는 한 전기회사 Non-Linear의 오너 겸 사장인 엔드류 케이(Andrew Kay)의 원조를 받게 되었다. 케이는, NTL(National Training Laboratories)의 '경영자를 위한 연구회'에 참가한 후, 자신의 회사를 기꺼이 일류 과학자들의 이론을 '실험'하기 위한 실험실로 제공했다. NTL에서 케이는 매슬로에 대해 알게 되고, 여기서 〈집단역학이론(Group Dynamics)〉 운동으로서 매슬로의 이론이 적용되게 되었다. 케이는, 매슬로가 『완전한 인간』(*Toward a Psychology of Being*, Van Nostrand, N.J.,1962)을 저술하는 것을 지원했다. 1963년 여름, 매슬로는 Non-linear를 재차 방문했다. 그는 건강한 인간에 대한 자기실현의 이론을 조직에 응용하고 싶었던 것이다. 그 결

참고 − LIFO프로그램 개발의 역사

과는, 『자기실현의 경영』(*Eupsychian Management*, Irwin, Illinois, 1965)이라는 저서로 결실을 맺었다.

1960년, 내가 컨설턴트로서 개인 상담과 심리학진단(psychological testing)을 연구하고 있었을 때, 앤드류 케이는 내 고객이었다. 그때 난, Non-linear system에서 실행되고 있었던 행동과학의 실천연구활동을 통해서 집단심리학에 관심을 갖게 되었다. 이 회사에 대한 컨설테이션를 실시하고 있던 응용과학자의 한 사람으로 UCLA의 제임스 클라크(James. V. Clark)가 있었다. 1964년에, UCLA와 Non-linear system의 지원을 받아, 서해안에서 첫 「T-group intern program」이 열렸는데, 그 참가자로서 일곱 명의 전문가가 초대되었다. 나도 그 중의 한 사람이었다. 앤드류 케이가 회사의 네 개 부서를 제공하여, 인턴은 새롭게 배운 T-group의 깊이 있는 실천 연구를 할 수 있었던 것이다.

T-group은 개인 카운셀링과 같이 갇혀진 시간은 아니다. 얘기를 나눌 가치가 있는 것이면 뭐든지, 그룹 안에서 확실히 알리는 것이 규범으로 되어 있다. 전원이 동시진행으로 동일한 정보를 접촉하고 문제를 해결한다.

매슬로와 점심식사를 같이 했을 때, 나는 그룹 안에서 얻은, 가슴 뛰게 할 만한 새로운 경험을 논문으로 써 보고 싶다고 그에게 말했다. 조사연구에는 흥미가 없었지만, 그룹 안에서 경험하는 비일상적인 일을 기술하는 데에는 흥미가 있었다. 그는, 그러한 비일상적인 일들이 '최고의 체험'의 예증이 될 수도 있으므로, 써 보라고 격려해 주었다. '최고 체험'의 기술이 다른 모든 연구의 길을 열 가능성이 있으므로, 과학적으로도 가치 있는 일이라고 그는 말했다.

이러한 경험들, 그리고 이 기사의 출판(Atkins, S. and Kuriloff, A.H.; T-group for a Work Team, *Journal of Applied Behavioral Science*,

Vol.2, No.1, 1996)으로 나는 NTL응용행동과학연구소(NTL Institute of Applied Behavioral Science)의 멤버가 되었고, 미국 전역을 두루 돌며 T-group, 그리고 대인관계와 group dynamics의 프로그램(Laboratory Method)을 실시하게 되었다. 그것은 대단히 충격적이고 배울 점도 많은 체험이었다. 여러 가지 흥미 있는 발견을 할 수 있었고, 또한 트레이너로서 15명으로 구성된 한 집단과 그 상호관계에 임하므로, 자신의 감수성을 크게 향상시켜야만 했다.

T-group과 Laboratory Method는, 컬트 레윈(Kurt Lewin)의 연구(*Principles of Topological Psychology*, McGraw Hill, New York, 1936)에 기반을 두고 있다. 어떤 사회적 환경 속에서 어떤 순간에 발생한 개인의 행동원인을 설명하기 위해서, 그는 새로운 이론과 모델을 개발했는데, 그것을 〈생활공간(life space)〉이라고 부른다. 거기에서 일어나고 있는 일들과 지금 이 순간, 즉 '지금, 여기에서(here and now)'를 세밀하게 관찰하는 일의 중요성을 그는 강조했다. 레윈은 일상적으로 일어나는 일을 구성하는 모든 부분이 서로 의존하고 있다는 걸 인식하고, 행동과학자는 인지, 학습, 동기, 개성, 사회적 영향 및 문화를 각각 독립적인 존재로서 개별적으로 초점을 맞추지 않으면 안 된다고 주장했다. 개인의 행동은, 부분과 부분이 상호작용(interaction)하여 전체를 구성하고 있다는 입장에서 파악되어야 하며, 인과관계와 일상의 일들이 동시에 존재하는 것이어서, 정신분석에 있어 일컬어지듯이 개인의 과거에 의해 규정된 건 아니라고 말했다(*A Dynamic Theory of Personality*, McGraw Hill, New York, 1935).

조사결과 레윈은, 상벌(賞罰)이나 갈등에 대해, 또한 상벌이나 갈등이 어떻게 타인에게 작용하는지에 대한 연구에 착수했다. 예를 들어 어느 개인이나 그룹리더가, 어떻게 하면 타인이 원조나 규제를 하도록 만들 수 있는지에 관심을 가졌다. 그는 독일과 미국에서의 자신의 경험과 비교하여, 리더십과 그룹에 있어서의 대인관계적/감정적 분위기(사회적 분위기)의 다른 점에 충격을 받았다. 그리고 1939년에 리더십과 사회 분위기의 종류에 관한 유명한 연구를 완수했다(Lewin, Lippitt, and White; Patterns of Aggression in Experimentally Created Social Climates, *Journal of Psychology*, 1939).

전제적(專制的), 민주적, 방임적인 리더십의 타입, 그리고 거기서 발생되는 사회적 환경과 그룹행동에 관한 연구는 교육, 산업, 건강과학, 그리고 행정의 관심을 모았다.

그 연구는 사람을 관리, 교육, 원조하는 방식에 큰 영향을 미쳤다. 관리직, 교사, 치료사, 간호사, 의사, 사회복지사와 지방자치제의 직원은 모두 민주적 능력(리더와 멤버의 행동으로서 이상적인 모델)의 유무에 관한 테스트와 평가를 받았다.

민주적인 원칙과 실천에 의해 리더를 양성하는 워크숍도 마련되었다. 하나는 1946년 여름 코넷티컷 주 뉴브리튼에 있는 주립교육대학에서 실시되었다(Bradford, Gibb, and Benne; *T-Group Theory and Laboratory Methods*, John Wiley & Sons, New York, 1964). 그 목적은 공정고용실행법의 준수와 이해를 촉진하는 데 있어, 더욱 효과적인 지방 리더십을 육성하는 것이었다. 컬트 레윈(Kurt Lewin)과 로널드 리피트(Ronald Lippitt)는, 당시 매사추세츠 공과대학에 있는 그룹 다이나믹스(Group Dynamics) 연구소의 조사팀을 이끌었다. 이 트레이닝의 리더는, 컬럼비아 대학의 케네스 벤(Kenneth D. Benne)과 NTL의 레랜드 브래드퍼드(Leland P. Bradford), 그리고 트레이너와 연구자의 두 역할을 담당한 로널드 리피트였다.

워크숍의 방법론은 원칙적으로 토론형식으로, 문제를 진단하거나 새

4개의 인생 게임

로운 접근방법을 체험해 보는 역할 바꾸기(Role Playing)도 몇 개 있었다. 연구자들은 참가자들의 행동의 상호작용을 연구하기 위해 세 개의 학습그룹워크숍을 철저히 관찰했다. 시작단계에서, 레윈은 저녁회의를 여러 차례 열었다. 거기에서 트레이닝 스텝과 연구팀은, 자신들이 관찰한 세 그룹에서 일어난 일을 되짚어보았다. 그것은 리더, 멤버, 그리고 그룹 전체의 행동 분석과 해석을 포함한 것이었다.

일부 참가자들도 이 저녁회의에 참가했는데, 거기에서 자신들의 행동에 대한 연구자들의 설명과 분석을 들었을 때의 충격은 놀라울 정도였다. 이것은 레윈이 말하는, 순간적인 힘의 이론을 실증한 것이었다. 이렇게 해서 '지금/여기에서' 의 행동과정을 관찰하고, 그 자료에 근거하여 토론하는 방식이, 두번째 워크숍이라는 형식으로 정형화되었다. 트레이닝 스텝은, 이와 같은 방법이 대단히 효과적이며, 또한 우연이긴 했지만 재교육 과정이 발견되었음을 깨달았다.

레윈은 1947년 초에 고인이 되었는데, 리더십 워크숍의 트레이닝 스텝은 1947년 여름, 메인 주 베네르에 있어서의 또 하나의 워크숍을 계획하고 실시했다. 이런 류의 워크숍에서 가장 효과적인 과제란 무엇인가를 놓고 논의가 활발하게 이루어졌다. 그리고 BST(Basic Skill Training)그룹이라 불리는, 다섯 개의 작은 그룹이 형성되었다.

워크숍 참가자는, 여러 종류의 직업과 전문분야 출신이었으므로, 그들이 그룹에서 익힌 것을 정리하여, 공통으로 인식되는 목표를 설정할 필요가 있었다. 최종적으로 워크숍 지도자들은, 이질성을 지닌 참가자에게 공통된 역할로서 '변혁추진자 (change agents)' 를 내세웠다. BST 그룹은, 변혁추진자로서 활약하기 위한 대인관계 요령을 훈련하기에 이상적인 장으로 여겨지게 되었다. 학습자들은, 자신들의 조직에 있어서 개인적/사회적 레벨의 변혁을 민주적으로 추진하는 책임을 맡는 인

참고 - LIFO프로그램 개발의 역사

물로 규정되었던 것이다.

1947년에 NTL의 스텝은, 그러한 개별적 과제내용과 '지금/여기에서'의 프로세스 관찰을 동시에 하는 것은 BST그룹의 과제로서 너무 과중하다고 판단했다. 프로세스 관찰은, 그룹의 기능을 향상시키고, 과제내용의 학습을 촉진시키려는 의도가 있었지만, 과중한 부담이라는 것이 증명되었다(내용에 역점을 두느냐 과정에 역점을 두느냐의 문제는, 그 이후, 그리고 현재도, 학습프로그램을 설계하는 데에 끊임없이 논쟁을 불러일으키는 과제가 되고 있다).

1949년과 50년에, 여러 나라로부터 NTL스텝이 합류하여 프로그램의 성질이 변화했다. 그때까지는 '변혁추진자'가 거대한 사회제도에 충격을 주어야 하며 배운 것을 그대로 행해야 한다고 규정되었던 트레이닝의 내용은, 다시금 개인, 대인관계, 그리고 소그룹의 행동프로세스 관찰에 초점이 맞춰지게 되었다. 이 새로운 프로세스에서는 모든 과제적 내용이 제외되었다. 그룹의 과제는, 그룹 자신 — 멤버, 리더, 상호관계 — 을 연구하게 된 것이다.

레윈 학파와 사회학자들에 의해 강조된 사회적 변혁이나 민주주의적 가치관 등을 대신하여, 정신분석요법의 개념이나, 칼 로저스의 고객중심이론이 중요한 위치를 차지하게 되었다. 강조사항의 변화와 더불어, BST그룹은, 재차 순수한 T-group으로 변화하게 되었다. 사회적 변혁과 민주주의적 가치관의 연구는 여전히 T-group과 NTL의 주요 목표였지만, 원조적 관계의 탐구가 보다 중심이 되었다.

트레이닝의 목표는, '정상'적인 사람들의 개발을 통해 인간이 당면하는 어려움을 극복하는 데에 있었다. 지원적 분야에서의 다양한 전문가가 NTL과 T-group, 그리고 Laboratory method에 흥미를 갖게 되었다. NTL은, 다양한 분야의 전문가에게, 보통사람들이 개인적 내지는

4개의 인생 게임

집단적 문제를 해결하기 위해서는 자기이해와 타인이해를 심화시킬 필요가 있으며, 그것을 도와주는 것의 중요성을 인식시키는 역할을 수행했다. 여기에서 내건 목표는, 행동이 '비정상' 적이 되기 전에, 또는 전문가의 도움을 구할 필요가 생기기 전에, 지원이 이루어져야만 한다는 것이다. 매슬로의 자기실현이론과 건강한 퍼스널리티의 강조는, NTL의 조용한 개혁을 뒷받침하는 원동력이 된 것이다.

50년대 말부터 60년대에 걸쳐 UCLA에서는, 감수성 트레이닝이라는 T-group의 서해안 그룹의 방법이 노사관계협회(Institute of Industrial Relations)의 후원하에 실천되었다. 그들의 접근방식은 이미 그룹기능, 대인관계의 개발, 그리고 인간관계의 문제에 관한 지식논의에 초점을 맞춘 것이 아니었다. 그들의 관심사는 '개인성의 전체적인 강화 및 완전하게 기능하는 퍼스널리티의 개발' 에 있었던 것이다(Weschler, Massarik, and Tannenbaum; *The Self in Process: A Sensitivity Training Emphasis*, Issues in Human Relations Training, NTL Washington, D.C. Selected Readings Series No.5, 1962).

이것은, 타인과의 교류나 그 속에서 일어나는 일들을 보다 풍부하게 경험하고, 자기를 보다 깊고 정확하게 인식하고, 인생의 의미를 발견하며, 또한 개인의 성장과 역량을 무제한 신장시켜 나갈 결의를 하는 것을 의미했다. 감수성 트레이닝의 중심적인 요소는 타인을 컨트롤하거나 타인에게 컨트롤을 당하고 싶다는 욕구에 대한 연구, 사랑과 분노를 다루는 법, 그리고 고독을 극복하는 일이었다.

의도적이든 아니든 이들 목표는, 칼 로저스의 이론과 에리히 프롬의 인간의 생산성에 대한 관점과 공통점을 갖고 있었다. 더욱이 감수성 트레이닝과 T-group은, 행동과학을 개인, 한 쌍, 또는 집단 내에서 실천활용하기 위한 이론과 방법론 개발에 막대한 공헌을 했다. 결과적으로,

참고 ― LIFO프로그램 개발의 역사

NTL은 명칭을 NTL응용행동과학연구소로 바꿨다.

1965년부터 1972년에 걸쳐, NTL의 T-group 트레이너, 그리고 UCLA 감수성훈련의 트레이너로서, 나는 두 가지 이론과 실천을 경험했다. 이들은, 실험대상자가 스스로 자신과 피험자 동지들을, 행동을 통해 연구하기 위한 사회적 '실험실이었다. 다시 말해 과제내용이 전혀 없는 곳에서 뭔가를 창출해 내는 것이 유일한 과제인 셈이다. 자기자신에 대해 배우고, 그룹이 어떻게 움직이고 있는가를 배우기 위해서는, 사람들은 애매함 속에서 몸부림치며 함께 고투하지 않으면 안 된다.

이는 하나의 발견이었다. 과제가 없는 것이 진퇴양난의 궁지로 몰아넣은 것이다. 이 공백을 생산적으로 만드는 과정 속에서, 사람들은 자신들이 곧 과제 그 자체란 걸 깨달았다. 공적인 자리에서 타인과 협조하는 가운데 자기를 검증하는 것은 불안하면서도 훌륭한 경험이었다. 어려움 속에도 결실이 있었다(Atkins and Kuriloff; op. cit.). 그러나 조직이라는 상황에서 시도되었을 때는, 복잡함과 혼란이 몇 배나 확대되었다. 직장이라는 집단에서는, 개인적인 사항을 공공연히 드러내는 것이 부끄러운 일이며, 때로는 부적절한 경우도 있다.

결과적으로, Laboratory method의 또 다른 형태가 출현했다. 초점은 다시, 집단에 부과된 과제와 집단경영의 기술적인 문제로 되돌아왔던 것이다. 개인 및 집단의 프로세스의 관찰은, 집단의 기능을 원활히 하기 위해서만 행해지게 되었다.

이러한 방식들은 점차 세련되어서 후에, 조직개발(Organizational Development = OD)이라는 운동으로 발전했다(Burke, W.W. and Hornstein, H.A.: *The Social Technology of Organizational Development*, NTL Learning Resourses Corp., Washington, D.C., 1972). 처음엔 NTL의 일부분으로서 지원받아 시작되었다. OD는, '조

4개의 인생 게임

직전체' 를 한 사람의 고객이라고 생각하고, 많은 테크놀러지를 운동시 킨다는 것으로, 시스템의 모든 부분에서 효과적인 변화를 가져오기 위해, 복수의 OD실천자가 많은 부문에서 동시진행적으로 업무를 진행하는 것이다. 이는 초기에 NTL에서 레윈이 변혁추진자 양성을 통해, 대규모 민주적 사회변혁을 달성할 희망을 갖고 있었음을 상기시킨다.

OD는, 변혁테크놀러지를 집적한 것으로, 그 개별적 테크놀러지 ― 팀 구성, 갈등해결, 진단피드백 등 ― 는 지금도 폭넓게 쓰여지고 있음에도 불구하고, 그 자체는 그다지 실천적인 효과를 올리지 못한다는 것이 밝혀졌다. 그러나 60년대도 후반에 이르면, 한편으로 조직변혁의 필요성이 증대되고, 또 한편, T-group이나 감수성 훈련은 개인적인 문제를 드러내는 폐해가 있었기 때문에, 보다 구조화되고 다루기 쉽고 폐해가 적은 방법 ― 직장에 있어 개인과 집단의 도움이 될만한 방법 ― 이 필요해졌다.

그리고 1967년 2월, 나는 이 필요를 충족시키기 위해, LIFO이론의 개발과 LIFO트레이닝을 시작했다. 그로부터 25년이란 세월이 흘렀으며, 그 동안 배우고 터득한 것의 결정체가 바로 이 책이다.

참고 ― LIFO프로그램 개발의 역사

감수자 후기

이 책은 스튜어트 앳킨스(Stuart Atkins)의 『The Name of Your Game』(1991 Second edition, Ellis & Stewart Publishers)의 번역서이다. 원서에 있는 사례 보고와 체험자의 감상 등은 생략했다. 이 책은 LIFO 트레이너 과정 참가자용으로 씌어진 것이다. 따라서 LIFO이론과 테크놀러지의 소개가 매우 이해하기 쉽고, 알기 쉬운 내용으로 구성되어 있다.

LIFO(라이포)는, Life와 Orientation을 합성하여 만든 조어이다.

Life란, '생명' 이나 '생활', '인생' 이라는 의미가 있지만, 사람이 자신의 생활을 영위하며, 인생을 보낼 때의 경향, 특징, 지향하는 것, 스타일과 같은 것을 포함한다고 할 수 있다.

LIFO에서는, 철학, 가치관이 반영된 인간의 스타일을 4가지로 분류하고 있다. 비콘 그룹의 사이토 쇼고 회장의 말을 인용하면, X이론과 Y이론 등은 2개의 분류라서 너무 단순하다고 지적되고 있으며, 마이어 브릭스 타입 인디케이터는 16가지의 분류라서 너무 복잡하다고 인식되고 있으나, 이 LIFO의 4분류는 실로 사용하기 편리한 것이라 할 수

4개의 인생 게임

있다. 게다가 인간의 속성을 선천적인 것만이 아니라, 후천적으로 몸에 익힌 것으로 설명하고 있으므로 설득력이 있다고 말하고 있다.

우리나라에서도 많은 기업, 단체들이 급변하는 어려운 환경 속에서 다양한 견해, 사고방식의 상호작용을 통하여 목적을 달성하기 위한 생산성이나 만족도를 높일 수 있는 영향력 개발에 많은 시간과 자금을 투입하고 있다. 하지만 단순히 이론적 배경 설명이나 추상적으로 그치는 경우가 많고, 현장에서 활용을 하지 못하고 있다는 말을 많이 듣는다. 그러한 상황 속에서, 조직 내외에서 좋은 영향력을 갖는 구체적이고 효과적인 해결책을 갈구하고 있다는 점을 감안해보면, 이 LIFO® 이론, 서베이는 상당한 요구와 기대가 있으며 크게 활용될 것이라 확신한다.

LIFO 프로그램은 캘리포니아 대학 로스앤젤레스 교의 심리학부 동기인 스튜어트 앳킨스 박사와 앨런 켓쳐 박사의 공동작이다. 앳킨스 박사는 미국내, 켓쳐 박사는 미국외로 활동 담당지역을 결정했다.

한국에서의 독점 사용권은 주식회사 비콘 코리아가 비콘 라이포 인터내셔널과 계약하여 취득했다. 앳킨스 박사는 이 책을 미국의 독자들을 위해 썼으나 미국은 다양한 인종의 나라인 만큼 민족을 뛰어넘어 통용될 수 있다는 확신을 얻은 것 같다.

따라서 이 책이 우리나라에서도 충분히 활용될 수 있으리라 확신한다. 구체적으로 말하자면, 대인관계에 있어 자기계발 Point를 명확히 하고 싶은 사람, 자신의 스타일, 기본적 가치관을 알고 싶은 사람, 커뮤니케이션의 도구가 필요한 사람, 매니지먼트, 세일즈 등에서 실천적으로 활용하고 싶은 사람, 부하의 특성이나 강점을 키우기 위한 자료가 필요한 사람, 회사/단체에서 효과적인 인원 배치를 위한 자료가 필요한 사람, 조직활동의 상황에서 효과적인 대인관계 구축이 필요한 사람,

감수자 후기

업무뿐 아니라 일상생활에서도 효과를 원하는 사람들에게 도움이 된다면 무한한 기쁨일 것이다.

또한, 이 책을 출판하는 것은 한국에서도 LIFO 프로그램을 한층 더 크게 알리고 보급을 하기 위한 것이지만, 이 책을 통해 앳킨스 박사의 넘쳐 흐르는 인간성과도 접할 수 있을 것이다. 사람이란 누구나 훌륭한 면을 가지고 있다. 그것을 자연스럽게 발휘하고 풍요로운 생활을 보내길 원하는 앳킨스 박사의 바람이 나타나 있다.

마지막으로, 이 책의 한국어판 출판에 있어 많은 도움과 격려를 주신 저자인, 비콘라이포 인터내셔널의 스튜어트 앳킨스 박사와 비콘 그룹의 사이토 쇼고 회장, 문학세계사의 김요안 실장을 비롯한 편집진, 짧은 기간에도 불구하고 열정적으로 번역해주신 번역가 이수봉 선생, 그리고 당사의 정태식 선임 전문위원, 양찬우 전문위원, 지영란 주임, 강수연 주임에게 감사드린다.

2003년 10월

김일기

*본서는 스튜어트 앳킨스 박사의 영어판본이 원서이지만 이 책의 저작권을 소유한 BCon LIFO Internationl Inc.의 모회사가 일본의 Business Consultants, Inc.이며, 일본에서 이 책이 먼저 출판되었습니다. 영어판과 일본어판의 내용은 각국의 시장경제 상황에 따라 약간 다르게 구성되어 있습니다. 이는 미국의 사례들과 내용이 아시아의 상황에는 적합하지 않은 부분도 있기 때문입니다. 교육이나 컨설팅적인 면을 생각할 때도 좀 더 우리의 현실에 적합할 것이라 생각되어, 본서는 아시아 관점에서 재구성된 일본어판을 중심으로 번역하였습니다.

4개의 인생 게임

□ 감수자 | 김일기 약력

일본 호세이대학교(法政大學校) 경제학 학사. 미국 Baylor University 수학.

일본 Consulting 회사 신규사업실장 역임 후, 도쿄에 본사를 두고 한국과 미국 등지에 사업전개를 하고 있는 일본 최대의 글로벌 컨설팅 기관인 Business Consultant, Inc. (BCon) 입사.

현재 Business Consultant, Inc.사의 자회사인 ㈜ BCon Korea 상무이사로 재직중.

전문분야 : 행동과학이론을 응용한 조직활성화 및 조직혁신 Consulting 및 Training.

㈜비콘 코리아
email : i-kim@bcon.co.jp
TEL : 02-6242-2591
FAX : 02-6242-2592

감수자 후기

옮긴이 · 이수봉

일본 릿쿄대학교(立敎大學校) 사회학부 사회학과 졸업.
NHK 한글강좌(응용편) 출연. 일본 가나다라한국어학교 전임강사.
한국외국어대학교 어학원 일본어과 전임강사.
외대닷컴 인터넷강의 담당.
현재 프리랜서(번역, 통역 및 강사)

4개의 인생게임

스튜어트 앳킨스 지음

초판 1쇄 발행일   2003년 11월 21일

옮긴이 · 이수봉
펴낸이 · 김종해
펴낸곳 · 문학세계사

주소 · 서울시 마포구 신수동 345-5(121-110)
전화 · 702-1800, 702-7031~3
팩시밀리 · 702-0084
이메일 · mail@msp21.co.kr   www.msp21.co.kr
출판등록 · 제21-108호(1979.5.16)

값 8,500원

ISBN 89-7075-296-X   03320